友谊

中苏联合抗战纪实

彭训厚 主编

五洲传播出版社

目录

前　言

20 世纪三四十年代得到过苏联政府和人民支援的中国抗日战争，是在中国共产党主张建立的抗日民族统一战线旗帜下，全国各族人民、各民主党派、抗日团体、社会各阶层爱国人士和港澳台同胞、海外侨胞广泛参加的一次全民抗战。在隆重纪念中国抗日战争和普天同庆世界反法西斯战争胜利 70 周年之际，中国人民自然不会忘记，反法西斯的第二次世界大战的胜利，是爱好和平和自由的各国政府和人民同心协力、相互支援、共同浴血奋战的结果；而中国抗日战争的胜利，不仅是中国全民抗战的结果，而且也是世界反法西斯统一战线的胜利。中国是世界反法西斯统一战线的一员，既为世界反法西斯战争的胜利作出了贡献，也得到了世界各国爱好和平和自由的人们特别是各同盟国的同情、支持和援助。尤其是在抗战初期和中期，苏联更是向中国提供援助的主要国家。今天苏联已不复存在，中国人民的感谢则与时俱存。这种真挚的感谢属于当年苏联、今日各相应国家尤其是俄罗斯的人民。

1917 年，新型的社会主义国家苏联一经建立，就迅即从根本上改变了沙俄对中国的政策，从而使中苏关系迎来了一个可能实现根本改善的重大转机。1924 年，中国国民党政府与苏联建交。但是不久，1931 年 9 月 18 日，日本开始入侵中国东北地区，中日关系成为中国对外关系的主轴。而苏联同日本的矛盾也因日本对苏联远东地区的边境安全的威胁增大而日益尖锐起来。这种形势促使两国于 1932 年 12 月 12 日恢复了 1929 年 7 月中断的邦交关系，而且还进一步走上了联合对日的道路，建立了联盟关系，并将这种关系大体上保持到抗战取得最后的胜利。

在抗战初期和中期，苏联在政治、道义、精神和外交上给中国抗战以支持，鼓舞了中国抗日军民的士气，坚定了中华民族必胜的信念；给予中国贷款和军事物资援助，改善了中国抗战中武器装备落后和匮乏的状况，提高了中国军队的抗战能力；派遣军事顾问和各类专业技术人员援华，提高了中国军队指挥员的指挥和协调能力，在一定程度上弥补了中国正面战场各类参谋和专业技术人员的不足；派遣空军志愿人员来华与中国空

军并肩作战，更是积极支持了中国人民的抗日斗争。而苏联在抗战末期出兵中国东北，又加速了日本的败降和中国抗日战争胜利的进程。

此外，苏联强大兵力在远东的存在，客观上起到了有力牵制日军、支援中国抗战的作用。中国国民政府对苏联这种作用是承认的。1939 年 9 月 22 日，蒋介石曾致电斯大林，表示希望苏联能继续在远东保持强大的兵力。国民党高级将领白崇禧曾对苏联驻华大使潘友新谈到强大苏军在苏联远东边境长期存在对中国抗战所具有的重大意义和作用。他说，苏联至少牵制了 30 万可以投放到中国战场的日军。

正如毛泽东所说 ：“自从帝国主义这个怪物出世之后，世界的事情就联成一气了，要想割开也不可能了。”世界是一个经济、政治相互联系、相互作用的统一体。中国抗日战争从一开始就是世界性的，中国战场不仅始终是亚太地区抗击日本法西斯的主战场，而且是世界反法西斯战争的东方主战场。中国抗日战争得到了世界其他反法西斯战场的支援与配合，同时，也有力地支援与配合了其他反法西斯战场的正义斗争，特别是作为世界反法西斯战争西方主战场的苏联的伟大卫国战争，主要表现为战略上的支援与配合。世界反法西斯战争两大主战场的相互支援与配合，不仅为中国抗日战争和苏联卫国战争的胜利发挥了重要作用，而且对赢得整个世界反法西斯战争的最后胜利发挥了重要作用。

苏联卫国战争、中国抗日战争和世界反法西斯战争的胜利迄今已过去整整 70 年，世界已发生了翻天覆地的深刻变化。但历史的经验教训值得永远记取。更何况，世界上迄今仍有个别国家及其政要未能认真吸取第二世界大战的经验教训，拒不对其侵略历史进行反省，拒不向受害国及其人民进行道歉。“忘记历史者，必将重蹈覆辙。”爱好和平和秉持正义的各国人民对此务必保持高度警惕，务必继承与弘扬二战期间为了正义与和平而相互支援与配合的优良传统，齐心协力，共同捍卫世界反法西斯战争的胜利成果，共同维护战后和平与发展的大局，防止法西斯主义和军国主义死灰复燃，防止历史悲剧重演。

一

苏联同情和支持中国抗战

1931年9月，最先成为第二次世界大战策源地的日本，为了转嫁空前的经济危机，缓和国内矛盾，摆脱困境，在中国的东北地区精心策划和制造了“九一八事变”，发动了侵华战争。

日本发动的这次侵华战争，是第一次世界大战后首次发生的用武力重新瓜分世界的重大行动，立即引起了国际上的密切关注。各国人民竞相谴责日本的侵略战争，坚决支持中国人民抗击日本法西斯的正义斗争。但是各国政府基于各自的利益，则对此作出了不同的反应。

与一些资本主义国家对日本侵华所采取的绥靖主义的态度和政策形成鲜明对照的是，社会主义国家苏联基于对被压迫民族的同情和自身安全的考虑，自“九一八事变”爆发后，在道义上始终是同情和支持中国的。9月23日，苏联外交人民委员部致电中国政府说：“日军在东三省行为之扩大，实出苏联意料之外，苏联对于中国深表同情。”9月24日，苏联外交人民委员李维诺夫发表声明，表示“苏联在道义上、精神上、感情上完全同情中国，并愿作一切必要的帮助”。9月25日的《真理报》文章写道：“苏联的劳动者极其认真地关注中国的斗争，他们的同情心在中国人民一边。”11月5日，《真理报》又进一步揭露，“日本所以欲攫取满洲者，无非欲在太平洋上争得霸权”。在此期间，苏联人民还多次举行集会和示威游行，抗议日本帝国主义对中国的侵略。当日军侵占辽吉两省许多重要城镇，继续沿中东铁路北上扩大侵略时，苏联政府于9月23日向日本驻苏大使广田弘毅提出强烈抗议，表示：“日本侵犯中东铁路权利时，苏联在正当范围内不得不取防卫手段。”苏联的警告，迫使日军暂时停止了沿中东铁路北侵的计划。东北部分抗日义勇军人员于1932年冬被迫退入苏联境内后，受到了苏联政府的热情接待。后来，苏联政府又严词拒绝了日本方面“引渡”义勇军将领的无理要求。中苏两国于1932年12月12日恢复了外交关系。这些举动，无疑是对中国抗战的支持和鼓舞。特别是中苏复交，不仅具有双边意义，而且具有国际意义，它标志着中苏关系进入了正常化的新阶段，为以后两国合作应对日本侵略打下了坚实的政治基础。尤其是，中苏复交是在“九一八事变”发生一年多的时候实现的，这无疑是对日本政府的一个沉重打击，向日本发出了中苏两国有可能联合对付其野蛮扩张以捍卫远东和平的警告。中国外交部长罗文干在中苏复交消息公布后立即发表的宣言中意味深长地指出：“中国与任何各国尤其比邻之国，均愿维持友好和平之关系，中俄边境相连为世界最长之一，现在彼此正式恢复使领关系，自为深满意之事。”苏联外交人民委员也即时发表宣言：“毫无疑

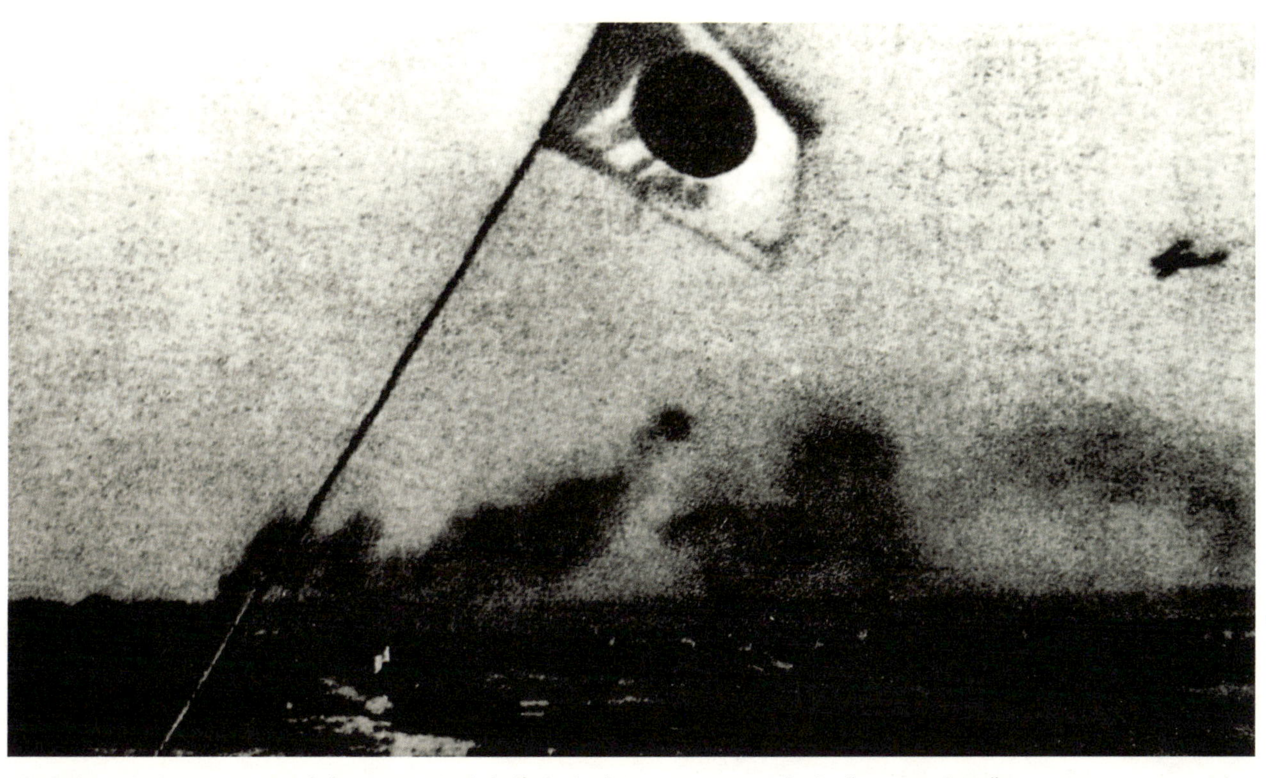

1931 年 9 月 18 日，日军对中国军队发动突然袭击并占领了沈阳，史称“九一八事变”。

日机在上海上空狂轰滥炸。

1937年7月7日夜间，中国军队在卢沟桥奋起抗击日军的进攻，揭开了中国全面抗战的序幕。

问，此时远东困难之发生，与沿太平洋各国之未有邦交，关系匪浅。苏联人民对中国人民及其保卫独立主权与争取国际平等地位之努力，极端同情。”中苏复交得到了对此期盼已久的中国人民的一致欢迎，赞誉之声响遍全国。相反，日本政府受到中苏复交的打击后异常恼怒，痛感中苏复交有碍于日本实现既定的侵略扩张的“大陆政策”。所以，在中苏复交消息正式宣布之后，日本乘机掀起了一场新的反苏运动，煽动各国的仇苏情绪。这也从反面证明了中苏复交对抵制日本侵略，具有积极的、重要的、特殊的意义。

但是，另一方面，苏联为了自身的安全，竭力避免同帝国主义国家发生激烈的正面冲突，因而在具体的外交政策上采取了中立主义的立场。这是当时复杂的国内外因素决定的。由于苏联的社会主义国家性质和直接处在日本侵略威胁之下的特殊环境，其中立政策具有不同于一般“中立”政策的特点，和一些西方大国对中日冲突所持的名为“中立”实为绥靖的政策是不同的，包含了援华制日的积极内容。

在德日《反共产国际协定》业已签订、德日意法西斯“轴心”正在形成之际，在一些西方大国实行绥靖政策、世界力量对比有利于法西斯国家的形势下，日本法西斯为消除实行“欲征服世界，必先征服中国”政策的背后威胁，并取得“北进”、“南进”的战争基地，以最终实现其称霸亚洲和称雄世界的图谋，于 1937 年 7 月 7 日又制造了“卢沟桥事变”（也称“七七事变”），把局部侵华战争升级为全面侵华战争。面对日本法西斯的野蛮侵略，中国政府和人民在中国共产党倡导的抗日民族统一战线的旗帜下，克服困难，奋勇抗战，开辟了世界上第一个大规模的反法西斯战场，把世界人民的反法西斯斗争推向一个新的阶段。

鉴于欧美列强对中国的援华抗日要求继续持十分冷淡的立场和态度，又迫于急剧恶化的远东形势，国民政府加快了与苏联缔约谈判的步伐。1937 年 8 月 21 日，由国民政府外交部长王宠惠和苏联驻华大使鲍格莫洛夫分别代表本国政府在南京签订了《中苏互不侵犯条约》。这个条约是在中日战争全面爆发之后问世的唯一能够加强中国抗战地位的国际法律文件，是中苏关系发展道路上一个重要的里程碑。从形式上看，它仅限于两缔约国之间相互关系的基本原则，保证两国互不侵犯和不支持侵略，但从其内容和日后所起的实际作用来看，对进一步消除两国以往由于种种复杂因素导致的不友好关系的影响，对确立两国战时的互助合作关系，从而为实现两国关系的重大改善奠定了新的基础。

正值中华民族最困难的关键时刻，苏联积极致力于改善苏中关系，并与中国正式签订了互不侵犯条约，不仅从政治上、道义上和精神上给予中国的抗日战争以巨大的支持，也为以后中国从苏联方面取得军事物资援助直接创造了条件。中国国内各阶层普遍认为，《中苏互不侵犯条约》增强了中国的国际地位，免除了中国抗日战争的后顾之忧。毫无疑义，苏联和中国缔约的行动和条约的问世，极大地鼓舞了中国人民的抗日斗志，有利于中国战胜日本帝国主义。《中苏互不侵犯条约》的签订，也是对日本称霸远东政策的沉重打击，是对日本侵略者的又一次严重警告。法国《巴黎时报》称赞中苏互不侵犯条约的缔结，实为“插入日本蛮牛颈中的第一支火箭”。该条约之所以能起到这样的作用，是因为它阻止了日本在国际上孤立中国的企图，又使日本极力引诱中国加入“防共协定”、协助日本侵苏的阴谋遭到可耻的破产。中苏缔结互不侵犯条约的消息传出后，日本政府大为震惊，惶恐不安。日本外相广田不

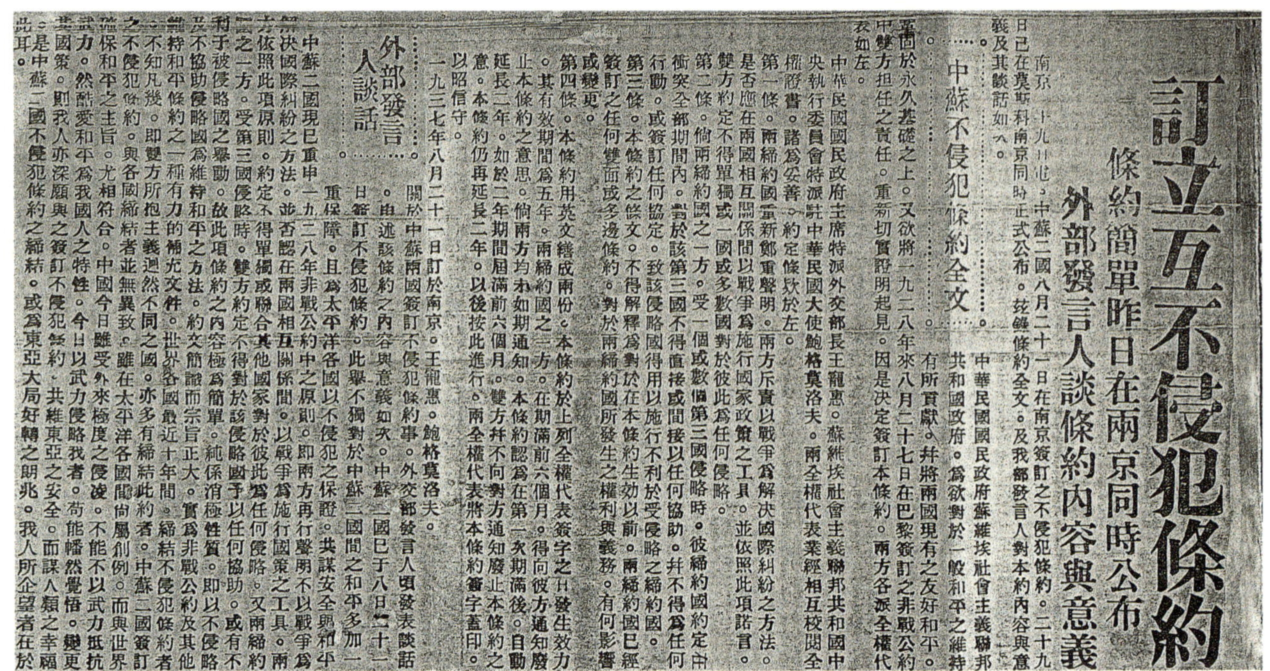

訂立互不侵犯條約

條約簡單昨日在兩京同時公布

外部發言人談條約內容與意義

南京二十九日電。中蘇二國八月二十一日在南京簽訂之不侵犯條約。二十九日已在莫斯科南京同時正式公布。茲錄條約全文。及我部發言人對本約內容與意義及其談話如次。

中蘇不侵犯條約全文

中華民國國民政府蘇維埃社會主義聯邦共和國政府。爲欲對於一般和平之維持有所貢獻。并將兩國現有之友好和平。鞏固於永久基礎之上。又欲將一九二八年來八月二十七日在巴黎簽訂之非戰公約中雙方担任之責任。重新切實證明起見。因是決定簽訂本條約。兩方各派全權代表如左。

中華民國國民政府主席特派外交部長王寵惠。蘇維埃社會主義聯邦共和國中央執行委員會特派駐中華民國大使鮑格莫洛夫。兩全權代表業經相互校閱全權證書。認爲妥善。約定條欵於左。

第一條。兩締約國重新鄭重聲明。兩方斥責以戰爭爲解決國際糾紛之方法。是否應在兩國相互關係間以戰爭爲施行國家政策之工具。並依照此項諾言。雙方約定不得單獨或一國或多數國對於彼此爲任何侵略。

第二條。倘兩締約國之一方。受一個或數個第三國侵略時。彼締約國約定在衝突全部期間內。對於該第三國不得直接或間接以任何協助。并不得爲任何行動。或簽訂任何協定。致該侵略國得用以施行不利於受侵略之締約國。

第三條。本條約之條文。不得解釋爲對於在本條約生效以前。兩締約國已經簽訂之任何雙面或多邊條約。對於兩締約國所發生之權利與義務。有何影響或變更。

第四條。本條約用英文繕成兩份。本條約於上列全權代表簽字之日發生效力。其有效期間爲五年。兩締約國之一方。在期滿前六個月。得向彼方通知廢止本條約之意思。倘兩方均未如期通知。本條約認爲在第一次期滿後。自動延長二年。如於二年期間屆滿前六個月。雙方并不向對方通知廢止本條約之意。本條約仍再延長二年。以後按此進行。兩全權代表將本條約簽字蓋印。以昭信守。

一九三七年八月二十一日訂於南京。王寵惠。鮑格莫洛夫。

外部發言人談話

關於中蘇兩國簽訂不侵犯條約事。外交部發言人頃發表談話。申述該條約之內容與意義如次。中蘇二國已于八月二十一日簽訂不侵犯條約。此舉不獨對於中蘇二國間之和平多加一重保障。且爲太平洋各國以不侵犯之保證。共謀安全與和平。中蘇二國現已重申一九二八年非戰公約中之原則。即兩方再行聲明不以戰爭爲解決國際糾紛之方法。並否認在兩國相互關係間。以戰爭爲施行國策之工具。兩方依照此項原則。約定不得單獨或聯合其他國家對於彼此爲任何侵略。又兩締約國之一方。受第三國侵略時。雙方約定不得對於該侵略國予以任何協助。或有不利于被侵略國之舉動。故此項條約之內容極爲簡單。純係消極性質。即以不侵略及不協助侵略國爲維持和平之方法。約文簡潔而宗旨正大。實爲非戰公約及其他維持和平條約之一種有力的補充文件。世界各國最近十年間。締結不侵犯條約者已不知凡幾。即雙方所抱主義迥然不同之國。亦多有締結此約者。中蘇二國簽訂之不侵犯條約。與各國締結者並無異致。雖在太平洋各國間尚屬創例。而與世界維持和平之主旨。尤相符合。中國今日雖受外來極度之侵凌。不能不以武力抵抗武力。然酷愛和平爲我國人之特性。今日以武力侵略我者。苟能幡然覺悟。變更其國策。則我人亦深願與之簽訂不侵犯條約。共維東亞之安全。而謀人類之幸福。是中蘇二國不侵犯條約之締結。或爲東亞大局好轉之朗兆。我人所企望者在於此耳。

当时的中国报纸报道了中苏两国订立互不侵犯条约的消息，以及中国外交部发言人就条约内容与意义发表的谈话。

禁哀叹：苏联和中国“竟选择在这样特殊的时刻和形势下”缔结这样的条约，对日本来说“实属不幸”。日本不少人还把中苏互不侵犯条约的缔结视为日本在其军队同中国作战时的外交失败。此后，随着苏联大力采取援华抗日实际行动，日本更加感到这个条约对自己所具有的严重影响。

自《中苏互不侵犯条约》签订后，苏联更加坚定了同情和支持中国主张制裁日本法西斯侵略者的正义立场。1937 年 8 月 25 日，苏联副外交人民委员波波金受苏联政府之托，明确向中国驻苏大使蒋廷黻保证，苏联代表将不负中国期望，在国际联盟研究中日冲突问题时支持中国。9 月 13 日，18 届国联大会在日内瓦召开。16 日，大会决议将中国申诉案移交远东问题咨询委员会讨论处理。咨询委员会向中日两国发出邀请后，早在 1934 年就退出国联的日本拒绝参加，中国决定派本国驻国联代表顾维钧率团出席。23 日，中国代表团把必须谴责日本航空兵轰炸中国和平城市居民的问题提交给咨询委员会讨论，要求委员会确认日本的行动属于侵略性质。西方大国千方百计地想通过一个谴责轰炸和平城市而又不指明具体犯罪者的模糊不清的决议。而苏联代表、外交人民委员李维诺夫态度鲜明、立场坚定地支持中国控诉日本侵略者，促使国联远东问题咨询委员会通过了谴责日本空袭中国不设防城市和残杀平

日军占领南京后，30 万无辜平民被杀害。

民罪行的决议案，并于28日经国联大会通过。

1937年11月3日，根据国联决议，讨论中日冲突的专题国际会议在比利时首都布鲁塞尔召开。参加者主要是中、美、英、法、意、比、葡、荷等《九国公约》签字国及其他有关国家，共19国，苏联作为特邀国也出席了会议。苏联虽然不是《九国公约》签字国，但它对这次关乎远东地区安全问题的国际会议极为重视。这是苏联首次参加涉及远东问题的国际会议。其间，苏联代表团团长李维诺夫表达了坚决支持中国的立场，并呼吁所有"爱好和平的国家"联合起来，共同对日实行制裁。他明确表示，苏联愿参加任何制止日本侵略的行动，并已做好准备。

即使在国联的外面，苏联政府领导人也经常利用各种机会，公开表明支持中国反对日本法西斯的正义立场，并严厉谴责日本的侵略行径。1939年3月10日，斯大林在联共（布）第18次代表大会上作报告时，谴责了西方大国放弃集体抵抗侵略者的政策，采取所谓"不干涉"和"中立"立场，起到了纵容日本法西斯侵占中国大片领土的恶劣作用。同年5月31日，苏联人民委员会主席兼外交人民委员莫洛托夫发表了苏联实行反侵略外交政策的演说，再次公开阐明了苏联援助中国的立场。1939年十月革命22周年纪念大会上，莫洛托夫代表苏联又谴责了日本对中国的野蛮侵略行为，再次表达了对中国人民的深切同情和支持。

苏联还站在正义的立场上，给予中国国内的抗日斗争以莫大的同情和巨大的声援。苏联政府通过塔斯社等新闻机构和各种报刊，在国内外积极地进行一切有利于中国抗日战争的宣传和报道。一方面，苏联充分揭露日本法西斯凶残的侵略行径和日本法西斯难以克服的固有弱点，另一方面，苏联媒体不断报道中国广大抗日军民浴血奋战的事迹，使全世界人民相信中国人民坚强的抗战意志，帮助中国争取更广泛的国际

崔可夫：1926年作为实习生首次来华，初识中国；1927年奉命再次来到中国，担任中国军事顾问；1941年初至1942年2月任苏联驻华大使馆武官、中国军队军事总顾问，更与中国军队和人民结下了深厚友谊。

亲历者的话

孙维韬（时任中国军事代表团译员）：

1957年，作为中国军事代表团副团长的叶剑英元帅到基辅军区访问，军区司令员崔可夫元帅亲自到舷梯旁迎接。两位老友相见，长时间热烈拥抱。早在崔可夫任驻华武官时，两人就已结下了深厚友谊。当时叶剑英任第18集团军驻重庆的代表。访问基辅期间，两人形影不离，经常彻夜长谈。临别之时，叶帅向崔可夫元帅赠诗一首：

别梦依稀十五年，
拨云破雾见青天。
德涅河畔会故友，
谈古论今话当年。

1943 年，延安中央医院院长傅连暲和苏联外科医生安德烈·阿洛夫在延安合影。

1943 年，宋氏三姐妹出席中苏文化协会举行的会议后离开的情形。前右起：宋庆龄、宋美龄、宋蔼龄。1935 年 10 月成立的中苏文化协会，团结了各方面有影响的人士，积极地为“联苏制日”作出贡献。它为加强中苏两国的文化交流、争取当时唯一的社会主义国家苏联的政治和军事方面的援助、促成抗日战争的胜利建立了不可磨灭的功勋。

1945 年 7 月，苏联外交部长莫洛托夫（左二）在机场迎接中国国民政府行政院长宋子文（右二）和外交部长王世杰（右一）来访。

抗战期间，国民政府“中苏友好协会”举行十月革命庆祝活动，邀请苏联驻华人员及各国驻华使节前来参加。会场悬挂斯大林语录“十月革命是世界革命的开端和前提”。

德拉特文，1937 年底至 1938 年 7 月任苏联驻华大使馆武官，并任中国军队军事总顾问。

和平力量的同情和支援。1937 年 7 月 11 日，苏联《真理报》发表《卢沟桥事变》一文，明确指出："卢沟桥事变"由日本挑起，中国军队乃迫于自卫进行还击，中国军队的抵抗表达了中国人民反对日本侵略者的意志。1938 年在莫斯科举办的援华抗战展览会，向观众介绍中国抗日战争，并提出了开展援华运动的倡议。

在苏联政府和苏联共产党的宣传和鼓动下，伟大的苏联人民无比关注中国的抗日战争。许多工人、农民、学生、教师和工程技术人员写了大量充满激情、动人心弦的慰问信，寄给在中国抗日战争前线浴血杀敌的英勇将士。许多人在信中说："我们的心永远与你们在一起，因为你们的斗争，不仅是中国人民的事业，而且也是整个进步人类的事业。"

苏联在援华过程中还始终利用一切机会积极鼓励中国坚持抗战到底。例如，1938 年 5 月，李维诺夫在与中国驻法大使顾维钧就远东形势进行长谈时，就一面对中国在抗日战争中所取得的胜利表示衷心祝贺，一面指出，中国当时正处于非常有利的地位，重要的是中国必须坚决顶住，决不能向日本暴露出丝毫求和的迹象。

1931 年"九一八事变"、1937 年"七七事变"和《中苏互不侵犯条约》签订之后，苏联政府对中国的政治、道义、精神和外交上的支持，是苏联全部援华抗日行动中不可分割的一个重要组成部分。它的这种援华立场、态度和行动，对于增强中国人民的抗战决心，扩大中国抗战的国际影响，提高中国的国际地位，以及孤立和打击日本法西斯，无疑均具有重大的意义和作用，而所有这一切，也恰恰与苏联本身遏制日本的战略利益相符合。

派遣大批军事专家，协助中国军民对日作战，也是苏联政府整个对华军事援助的一个重要组成部分。抗日战争全面爆发前，国民政府主要聘请德国人担任

1939年2月，国民政府军事委员会在湖南举办干部培训班。这是苏联顾问季维诺夫与训练班负责人的合影。右起为：蔡剑鸣、叶剑英（副教育长、共产党员）、汤恩伯（教育长、国民党员）、季维诺夫……

军事顾问。1936年11月25日德日签订《反共产国际协定》，建立起政治同盟关系后，一个数十人组成的在华德国军事顾问团离华返回德国。国民政府在与苏联签订《中苏互不侵犯条约》后，多次请求苏联派遣军事专家和军事技术人员来华援助抗日。12月28日，蒋介石会见苏联全权代表并请他转告苏联政府：中国正组建20个师，建议苏联在3个月内给予各种援助，包括派遣军事顾问和军事专家，以保证半年内完成这些师的组建工作。

对于中国政府的这些请求，苏联政府表示欣然接受，并立即着手付诸实施。

1937年底，苏联派遣德拉特文任苏联驻华大使馆武官，并任中国军队军事总顾问。1938年下半年德拉特文离华后，依次接任中国军队军事总顾问的是切列帕诺夫(1938年7月至1939年秋)、卡恰诺夫(1939年9月至1941年初)、崔可夫（1941年初至1942年2月）。

苏联军事顾问体制是于1938年建立的，并很快发展成为一个包括陆军、空军、工程兵、炮兵、坦克兵等诸多兵种顾问、门类齐全、阵容强大的体制。

蘇聯空軍志願隊在華高級人員姓名及職務分配表

任職日期	階級	職別	中文姓名	備攷
一九三八年九月	少將	總顧問	日加列夫	一九三八年十月返國。
一九三八年十月		總顧問	特霍爾	一九三九年初返國。
一九三九年五月	上校	總顧問	阿尼西莫夫	一九四一年返國。
一九四〇年	上校	總顧問	雷巴瀾(柯)夫	一九四一年返國。
一九三八年九月		參謀長	葛力果力耶夫	一九三九年初返國。
一九三九年初		參謀長	伊利因	一九四〇年二月返國。
一九三八年九月		副參謀長	列別捷夫	又名聶衣。
一九三八年		副參謀長	聶略夫	一九三九年返國。
一九三八年		顧問	齊略恆	可能即爲列別捷夫。
一九三八年		副顧問	葉爾少夫	
一九三九年		副顧問	互魯也夫	
一九三八年		防空顧問	札哈羅夫	該員在華隸屬軍事委員會同時擔任空軍顧問職。
一九三八年		機械顧問	布拉霍夫	一九四〇年返俄。
一九三九年		DB3大隊長	卡滋洛夫	
一九三九—四〇年		DB3大隊長	庫里善瀾	在四川萬縣空戰負傷，迫落長江死亡。
一九三九—四〇年		DB3大隊長	卡士里瀾夫	兼任八大隊DB3機訓練總教官。
一九三八年九月	上校	SB大隊長	波雷寧	返俄後升爲少將，被選爲蘇聯英雄。
		SB大隊長	阿利克謝也夫	
一九三八年	上校	驅逐團長	札哈羅夫	負責指揮在華驅逐部隊。一九三八年於蘭州受傷失事返俄。
一九三八年	上校	驅逐大隊長	布拉奇外史爾斯基	返俄後升少將，並選爲蘇聯英雄。
		機械長	沙哈羅夫	一九三八年返俄，一九四〇年二次來華任顧問，繼布拉霍夫職。
一九四〇年二月	少校	參謀長	日列錯夫	一九四〇年六月返國。
一九四〇年七月	上校	參謀長	帕爾霍棉瀾	在華期間兼任參校一、二期戰術教官，雷巴瀾夫返俄後，代理總顧問。
	中校	轟炸顧問	司齊切中	
一九四一年		轟炸顧問	依瓦諾夫	兼任訓練SB轟炸機飛行教官。
一九三九—四〇年		驅逐隊長	日列布乾瀾	指揮駐蘭州E-15、E-16驅逐機二十架。
一九三九—四一年		驅逐隊長	蘇布羅斯瀾懇	同右，受俄代表命令，任務係保護蘇聯僑民。
一九三九—四〇年		SB隊長	謝晉陽諾維齊	志願隊解散後，留用爲飛行教官。
	少校	驅逐顧問	烏里也夫	兼任參校一、二期戰術教官。
一九四一年		機械顧問	卡札瀾夫	
一九三六年		負責人	阿富也夫	駐蘭州指揮當地俄飛機作戰。

說明：原資料列有俄文姓名。

資料來源：

外籍空軍志願隊參加抗日戰史，附表五，頁二五—二六。

苏联援华人员表

广西桂林市西山公园柏树林中的苏联陆军步兵中校巴布什金烈士墓。巴布什金1939年9月援华赴桂任第五军军事顾问，1940年9月16日病故于桂林。

切列帕诺夫

早年曾任黄埔军校顾问。1938年8月至1939年秋任苏联驻华大使馆武官，并任中国军队军事总顾问。在武汉保卫战和长沙会战中，曾亲临前线视察并向中国军队提出建议。

卡恰诺夫

1939年末至1941年初任中国军队军事总顾问。

日加列夫

中国空军顾问，苏联志愿航空队总领队（1937年至1938年）。

1938年5月至6月初，苏联首批军事顾问计有27名。至1939年10月，作为军事顾问在中国军队中工作的专家计有80名，他们分布在各个兵种和有关机构：步兵——27名，炮兵——14名，工程兵——8名，通信兵——12名，防化兵——2名，后方和运输管理机构——3名，医务机构——2名等。接着，中国又请求苏联政府于1940年再派140至200名军事专家来华。

来华的苏联军事顾问都富有战斗经验和军事理论素养，被分派在参谋本部、战区司令部或军事机关、军队院校中工作。他们在认真了解中国军队状况和研究中国战场形势的基础上，向中国指挥机构提供了不少深思熟虑的见解和建议。苏联军事顾问还帮助中国军队指挥官制定各种作战计划和军队管理制度，组织诸军兵种协同作战，组织军事人员安排军事供给，监督部队完成任务的情况等。他们为了中国人民的抗日事业，不远万里来到中国，无私地奉献出自己的一切力量、知识、智慧和经验。他们通过长期的不辞辛苦的工作，提高了中国军事机关的领导水平和协调能力，加强了中国军事人员的组织性，从而大大提高了中国军队的战斗力。蒋介石在一次会见军事总顾问德拉特文时以赞许的口吻说："由于俄国顾问的到来，中国军队的仗打得好一些了。"

1939 年 8 月，苏联军事专家帮助中国在新疆伊宁成立了航空学校。至 1940 年年中，在这里由苏联教官指导进行航空训练的中国人员共 328 名。1940 年 8 月，苏联政府还同意中国政府的请求，决定苏联教官在伊宁航空学校的工作时间延长一年，以继续培训中国航空人员。还有一部分中国飞行员直接在苏联受训。到 1938 年春，有 200 名中国飞行员在苏联各航空学校训练班结业。到 1939 年夏，在苏联受训的中国飞行员已有 1045 人、领航员 81 人、射手和无线电员 198 人，还有各类航空技术人员 8354 人。据统计，经苏联军

援华作战的苏联志愿航空队一部

事专家指导，在各类军事院校、训练班和部队直接接受培训的中国人员约有9万余人。通过苏联专家培训，他们的作战指挥能力普遍得到提高。

1937年至1940年，在苏联军事专家组织下，在乌鲁木齐还举办了八路军干部学校，先后有416名中国人参加了学习，其中有飞行员41人。

二

苏联对华贷款和物资援助

日本帝国主义发动侵华战争后，中国人民欣慰地看到，苏联奉行的“不干涉主义”政策和争取改善苏日关系的方针，并不妨碍它在中国抗日中坚持鲜明的公正立场。不仅如此，苏联还采取了一些实际行动，来表示对中国人民抗击日本法西斯侵略者的支持。苏联驻中国东北领事馆的人员曾采取半官方的、非正式的援助中国军队的行动。在日军侵入中国东北地区后，苏联领事馆人员根据中华民国陆海空军副总司令兼东北边防军司令张学良将军的请求，从苏远东地区为他弄来了很大一批武器。1931 年 10 月，黑龙江省政府代主席兼东北边防军驻黑龙江代副司令马占山将军的部队也获得苏联的武器供应。只是后来由于日军控制了整个中苏边境，武器供应才变得很困难了。马占山将军置蒋介石当时的对日不抵抗政策和辽宁、吉林两省相继陷落的孤立困境于不顾，于 11 月 4 日率部奋起在江桥抗战，打退日伪军多次进攻，鼓舞了全国人民的爱国抗战热情。后因孤立无援，寡不敌众，于 12 月退入苏联境内。1932 年 12 月 5 日，苏炳文将军指挥的东北一部分抗日义勇军，迫于日本占领军的强大压力，也退入苏联境内。苏联政府不顾日本提出的“引渡”义勇军的无理要求，对中国这些抗日的爱国志士给予了妥善的安置。苏炳文为首的指挥部人员还应邀到过莫斯科，苏联方面在莫斯科火车站为中国的这些爱国者举行了隆重的欢迎仪式。

1937 年 7 月 7 日“卢沟桥事变”前，中国由于经济基础薄弱，军事上处于劣势，急需获得国际上的财政信贷和军火武器之类的具体援助，以对付日本法西斯对中国可能进行的新的侵略扩张。当时，由于一些西方大国仍在实行对日绥靖政策，因此中国国民政府把苏联列为首要的求援对象，并通过外交渠道积极展开了争取苏联军事援助的工作。1935 年 10 月 9 日，蒋介石委托孔祥熙与苏联驻华大使鲍格莫洛夫进行了会晤，期望苏联能向中国提供军事装备。11 月 19 日，苏联通知国民政府，同意向中国出售军事装备。1936 年 12 月，李维诺夫通过中国新任驻苏大使蒋廷黻向国民政府表示：“苏联同意缔结一项互不侵犯条约，根据这项条约，苏联将贷款给中国，用以购买苏联的军事装备。”1937 年初，鲍格莫洛夫进一步通知国民政府，苏联同意提供信贷 5000 万美元。这就是说，早在 1937 年“七七事变”前，苏联已初步确定了以提供贷款购买苏联武器装备的方式来援助中国的抗日斗争。1937 年 8 月，鲍格莫洛夫以苏联政府名义再次明确了这一点。

日本法西斯于 1937 年借“七七事变”将局部侵华战争上升为全面侵华战争后，中国面临的军事形势更趋紧张。鉴于西方列强“坐山观虎斗”、不愿助中国一臂之力的现实，蒋介石更加感到争取苏联援华抗战的紧迫性和重要性。《中苏互不侵犯条约》刚刚签订，蒋介石便迫不及待地派员赴莫斯科向苏联政府求援。军事委员会参谋本部参谋次长（与当今副总参谋长相当）杨杰、中央执行委员张冲以“实业考察团”的名义赴莫斯科，就苏联对华军事援助一事进行谈判。1937年9月9日，中国军事代表与苏方代表团在非常友好的气氛中举行了第一次会谈，并于9月14日达成了一些具体供应协议。苏联决定首先尽快向中国提供一些坦克、高射炮、反坦克炮、弹药和零件等军事装备和器材，并同意向中国派遣苏联教官，以训练中国军队，最有效地发挥这批苏联军事装备在中国抗日战争中的作用。中国政府同意通过海路将这些急需的军事装备运送至中国。中国政府对这次谈判结果十分满意，因为从谈判

装载苏联援华物资的卡车行驶在中国西北公路上。

中得到的东西比所预料的还要多。中国驻苏大使蒋廷黻曾为此专门向苏联政府表示了中国政府的谢意。

在中国急需抗日的军事装备之时，苏联同意以若干军事物资援华，一是基于战略上的考虑，二是与其对中国坚持抗战作了比较乐观的估计有关。苏联政府认为，通过实际援助进一步鼓励中国坚持抗战，是十分必要和至关重要的。1937 年 11 月，李维诺夫私下对美国驻苏大使戴维斯预言："中国不会放弃华北而与日本讲和，即使华北沦陷了，中国还会开展游击战抗日的。"李维诺夫还暗示，苏联将给中国抗日军民的游击战提供一些所需物资和装备等。

苏联政府在 1937 年秋与中国军事代表团的谈判中，不仅慷慨允诺给中国提供一些抗日急需的军事装备和器材，还对中国提出了一些很有价值的建议，诸如中国应拥有自己的重工业、军事工业，应拥有自己的飞机、大炮和石油等。1937 年 11 月 11 日，斯大林还在百忙之中抽时间会见了杨杰，并指出："谁想成为独立自主者，谁就应该组织自己的军事工业。外国人卖的是劣质武器，他们还完全可能拒绝出售武器。"斯大林还强调指出，在中国拥有自己的飞行员、自己的炮兵的条件下，任何人都不能战胜中国。他还建议中国应利用一切可能从各方面取得外援，但又说，"仅仅指靠外援是不可靠的事情"。

1937 年 11 月 26 日，蒋介石致电斯大林，一方面就苏联对中国的友好支持态度深表感谢，另一方面则希望今后继续从苏联方面获得尽可能多的军事援助。1938 年初，国民政府派立法院院长孙科为特使，率团访问莫斯科，并与苏联主要领导人斯大林、莫洛托夫和伏罗希洛夫等举行了会晤，力争苏联向中国提供更多的军事援助。

这次，苏联政府决定再以贷款方式援助中国抗战。斯大林在会见孙科时建议，第二次再贷款 5000 万美元。孙科表示，虽然这些数额很大，但对中国抗战来说仍显不足。他希望第二次贷款能增至 1 亿美元。斯大林允诺第二笔贷款用完后再提供第三笔贷款。根据协定，苏联对中国的贷款援助，属易货贷款援助。偿还办法是，中国政府每年按照下列货单向苏联提供商品与原料：茶叶、皮革、兽毛、锑、锡、锌、镍、钨、丝绸、棉花、桐油、药材、红铜。中国政府每年具体交付货品的种类与数量由苏方确定。

待第二笔苏联贷款所剩不多时，国民政府通过苏联驻华大使馆请求苏联拨第三笔贷款，但无结果。于是，孙科在蒋介石催促下再次赴莫斯科求援。5 月 13 日，斯大林在克里姆林宫会见了孙科。在斯大林的支持下，达成了苏联提供第三笔易货援华贷款 1.5 亿美元的协定。第三笔贷款的用途、年息，与

中國政府以信用貸款訂購各貨之價目（以美金計）

一、航空器材	二三、五四四、二五八
二、裝甲坦克器材	二、七〇三、二二七
三、礮兵器材	四、四七九、一四六
總值	二九、七二六、六三一
總值外加組織費百分之二	五九四、五三三
總計美金	三〇、三二一、一六四美金
以換算率三·三計算合華幣	一〇〇、〇五九、八四一元

其中航空器材項包括以下四類：

項目	合計
甲、飛機	一四、五一〇、〇〇〇
乙、預備發動機、飛機與發動機之全副配件及其零件與特種器材	六三五、〇七九
丙、特種汽車（自動啟動機車、添加汽油車、添加水及滑油車等）	四二〇、七二四
丁、預備武器及全副彈藥（四〇副）	六、九六〇、四三七
共計	二一、五四四、二五八

又其中飛機一項分項表列如下：

機種	架數	單價	合計
輕轟炸機（C.6）	六二	一一〇、〇〇〇	六、八二〇、〇〇〇
單座驅逐機（U-16）	九四	四〇、〇〇〇	三、七六〇、〇〇〇
雙座驅逐機（U-15）	六二	三五、〇〇〇	二、一七〇、〇〇〇
教練機（YTN-4）	八	四〇、〇〇〇	三二〇、〇〇〇
重轟炸機（T6-3）	六	二四〇、〇〇〇	一、四四〇、〇〇〇
共計	二三二		一四、五一〇、〇〇〇

中國政府訂購各貨的價目（以美金計）

一、礮兵及機關槍器材　八、二一九、七五九

項目	數量	單位	單價	合計
甲、馬克西姆—托加萊夫（MAKCNMA-TOKAPEBA）式機關槍	五〇〇	挺	一八〇	九〇、〇〇〇
德克恰遼夫（ДЕГТЯРЕВА）式機關槍	九〇〇	挺	一二五	一一二、五〇〇
槍彈（機關槍用）	一〇、〇〇〇、〇〇〇	發	（每千發）二五	二五〇、〇〇〇
共計：				四五二、五〇〇
乙、七六厘口徑野礮	一六〇	門	六、五八〇	一、〇五二、八〇〇
一一五公厘口徑榴彈礮	八〇	門	一二、〇〇〇	九六〇、〇〇〇
三七公厘口徑戰車防禦礮	八〇	門	一、三三〇	一〇六、四〇〇
馬克西姆式機關槍	三〇〇	挺	六〇〇	一八〇、〇〇〇
德克恰遼夫式機關槍	六〇〇	挺	二二五	一三五、〇〇〇
七六公厘礮彈	一六〇、〇〇〇	發	一三	二、〇八〇、〇〇〇
一一五公厘礮彈	八〇、〇〇〇	發	三〇	二、四〇〇、〇〇〇
三七公厘礮彈	一二〇、〇〇〇	發	三	三六〇、〇〇〇
機關槍彈	一〇、〇〇〇、〇〇〇	發	（每千發）二五	二五〇、〇〇〇
共計：				七、五二四、二〇〇
丙、上項各器材之鐵路運輸費	五六三	車		二〇二、八九二

苏联援华物资价目表

前两笔贷款相同。

1941 年 6 月 22 日，德国法西斯撕毁了墨迹未干的《德苏互不侵犯条约》，用重兵突袭苏联，苏德战争爆发。从此，苏联必须集中精力对付德国法西斯的进攻，无暇东顾，致使对华易货贷款中断。因此，苏联的第三笔援华易货贷款，实际上只动用了大约一半。1938 年至 1939 年间，苏联政府三笔援华易货贷款总额高达 2.5 亿美元，实际使用 173175810.36 美元，约占总额的三分之二。在此后的抗日战争时期，中国再未从苏联方面获得过贷款。

须要强调指出的是，从 1937 年“七七事变”到 1939 年欧洲战争和第二次世界大战全面爆发，世界大国中只有苏联一国最有诚意援助中国抗战和最关心中国抗战的前途。苏联在第二次世界大战全面爆发的前夕，在加强国内战备、准备应付欧亚法西斯侵略的极其困难的条件下，向中国提供上述三笔易货贷款，用以帮助中国的抗日战争，实属难能可贵，这与西方国家对中国的冷漠立场形成了鲜明的对照。毫无疑问，当时苏联是中国的主要贷款国。更为难得的是，苏联贷款可用于购买武器和军用物资，贷款条件也优惠，年息仅为 3%，而不是像西方列强贷款，分别要求支付 4%、5% 甚至 6.5% 的利息。

中国抗日战争初期和中期，苏联向中国提供巨额贷款，绝对不是基于一般的谋取经济利益的动机，而是为了让中国获取急需的武器和军事技术装备，

中国大西北的人民组织各种运输队，运送物资支持前线；同时还以货物出口苏联，换取国内所必需的物资，以支援抗战。

迅速加强中国军队的战斗力。如果当时苏联不在这方面大力援助军事实力远远不及日本的中国，则不可能真正达到援华制日的战略目的。从这一意义上来说，这三笔巨额贷款产生了相互支持、良性互动的效应。

苏联供给中国的武器，是以低于世界市场 20% 的优惠价格计算的。当时与苏方洽谈的孙科对此也曾予以证实。由此可见苏联给中国供货价格之便宜和援华抗日之真诚。

从 1937 年 7 月 7 日中国全面抗战开始直至 1941 年 6 月 22 日苏德战争爆发，苏联供应中国陆、空军的武器和军事装备的数额也是比较大的。在《中苏互不侵犯条约》生效的第一年里，中国就从苏联获得了 20 个师的全部装备。除动用苏联易货贷款购买武器装备外，中国还直接以易货方式从苏联取得了少量军事物资。在 1937 年“七七事变”到 1941 年 6 月 22 日苏德战争爆发的近四年时间里，中国抗日战争迫切需要和实际获得的外援物资，大部分来自苏联，确是举世公认的事实。当时，中国国民政府各级官员均承认并多次感谢苏联给予了中国这种宝贵的援助。

那时，苏联援华武器和军事装备的主要运输线有两条：一是由苏联塞瓦斯托波尔、符拉迪沃斯托克等港口海运至香港、越南海防或缅甸仰光，经滇越铁路或滇缅公路运至中国腹地。1937 年 11 月至 1938 年间，苏联通过英法殖民地港口从海路向中国运送了大量武器装备；二是利用汽车由阿拉木图经霍尔果斯、乌鲁木齐运至兰州。这是一条新修建的公路运输线。中日全面战争爆发后，日本控制了中国与外界的海陆空交通线。在这种极为困难的条件下，为便于从苏联向中国运送军事物资，苏联应中国政府 1937 年提出的要求，很快帮助中国开辟了这样一条主要位于中国境内新疆、甘肃两省的汽车运输线，其起始点为苏联的萨雷奥泽克（在今哈萨克斯坦阿拉木图州境内），终点为中国的兰州，全长为 2925 公里，其中 230 公里在苏联境内，其余在中国境内。护路者不仅有中国地方部队，还有苏联人。用汽车运送的物资不仅有各种武器装备，而且还有拆开分别装运的飞机。在中苏两国间所有运输线中，这条公路的运输量最大。因为这条公路有相当长一段是在海拔 1500 至 3000 米的山路上盘旋，技术工作异常复杂，苏联人付出了艰苦的努力。除了公路，苏

运送苏联援华物资的中国驮队

联还在异常艰苦的条件下开辟了一条自苏联阿拉木图至中国兰州的航空线路。

为了给中国源源不断地输送抗战急需的军事物资，苏联动用了大量的人力和物力。据统计，自 1937 年 10 月至 1939 年 2 月间，在苏联领土上为中国转运军事物资的铁路货车累计达 5640 列以上；在萨雷—奥捷克至兰州的公路上，向中国运送军事物资的汽车累计达 5260 辆以上，这批汽车的运行总里程为 1850 万公里。不间断地为中国运送军事物资的苏联人员先后达 4000 多人。

苏联的武器和军事装备援助是对中国抗日战争的有力支持。首先，这些武器装备非常有利于国民党军队的重组与作战。到 1938 年初，中国空军已建立了 3 个飞行大队，其中规模最大的第一飞行大队以及第三飞行大队都是在苏联提供的飞机和武器装备的基础上建立起来的，只有第二飞行大队的装备靠的是美、法、英、意等国提供的飞机。此外，中国建军史上的第一个机械化师也是在苏联援助的军事装备的基础上组建起来的。1938 年春，国民党军队在徐州对日作战中惨败，炮兵损失极大。后来也是由于苏联的帮助，国民党军队又重建了炮兵。

在中国抗日战争的前期和中期，苏联援华武器装备发挥了不可磨灭的巨大作用。中国空军使用苏制作战飞机，并与苏军志愿飞行员并肩作战，保卫过南京、重庆、武汉、兰州、西安、成都等政治经济中心和战略要地，轰炸日军机场、车站、舰船、列车、仓库，远征台湾、越南，支援陆军作战，在这些重大战役中创造了令世人瞩目的战绩。

在中国抗日战争初期和中期，苏联以优惠军事贷款的形式共向中国提供飞机 1285 架，其中歼击机 777 架、轰炸机 408 架、教练机 100 架。援华歼击机的主要机种是 И–15 和 И–16。

苏联提供的 И-15 歼击机

组装中的 И-15 歼击机

1937 年冬至 1941 年，中国空军使用的主力战机为 И-16 歼击机。

1937 年底飞抵中国的 И-15 歼击机。机尾“P-7180”为中国空军飞机的序号。

И-16歼击机机群

И-16歼击机。苏联政府仅于1937年就向中国提供了И-16歼击机62架。

苏联提供的408架轰炸机包括ДБ-3重型30架、СБ-2中型328架、ТБ-3重型50架。苏联还提供了航空炸弹21.5万枚。

ТБ-3重型轰炸机

苏联提供汽车共1850辆（含卡车、油罐车、修理车、救护车等）。

苏联提供的油罐车

苏联提供的流动修理车

苏联提供的机枪共 14000 挺（包括轻、重机枪和高射机枪）、步枪 11 万枝、步枪子弹 1.5 亿发。

苏联提供的防空武器

苏联提供的高射机枪

中国士兵用苏联提供的高射机枪向日机射击。

苏联提供各类火炮 1600 门、炮弹 200 万发。

苏联提供的加农炮

苏联提供的野战炮

苏联向中国提供坦克 82 辆。

苏联提供的 T-26 型坦克

1938 年，中国政府利用苏联贷款组建了当时中国唯一一支装甲兵团。

三

苏联志愿航空队在中国

苏联积极支持中国人民抗日斗争的又一个主要表现，是苏联志愿飞行员在中国直接参加对日作战。1937年8月27日，蒋介石与苏联驻华大使鲍格莫洛夫进行了一次长谈。蒋介石在向苏联表示了国民政府决不对日妥协的抗战立场后，公开提出了要求苏联政府“允许苏联飞行员以志愿者身份加入中国军队”的具体问题，同时请求尽快派遣苏联飞行教练帮助训练中国的空军。至1937年底，激烈空战致使中国空军损失巨大，有经验的飞行员几乎死伤殆尽。

为给中国派遣优秀的志愿飞行员，苏联方面进行了严格的选拔和训练。选出的志愿人员通常是最富有经验的老战士，主要是共产党员。1937年10月，苏联志愿飞行员便奔赴中国，此后不久又有大批志愿飞行员和技术人员来华。1937年11月至1938年1月，一个由99人组成的飞行大队分三批先后来到中国，其中志愿飞行员有39名。1939年夏，在中国的苏联志愿飞行员和航空机械师已达400多人。从1937年秋至1942年苏联军事专家和志愿人员因苏德战争战事吃紧而撤出中国返回苏联参战，计有5000多名苏联人奋勇战斗在中国人民抗日战争的前线和后方，不少人献出了宝贵的生命，将一腔热血洒在了中国的大地上。他们的英雄事迹将永载史册，永远留在中国人民的心中。

1937年12月1日苏联首批志愿飞行员刚抵达中国南京，就立即展开了同日本航空部队的激战。在南京保卫战中，苏联志愿飞行员初露锋芒，表现出杰出的战斗本领。仅在1937年12月2日这一天，他们就击落日本轰炸机6架，12月3日又击落4架。再如，1938年5至8月，在持续三个月之久的武汉保卫战中，苏联志愿航空队与中国空军并肩对日作战达9次之多，计击落敌机62架，沉重地打击了日本航空部队的疯狂气焰。日本侵略者一度自吹不可一世的“空中武士”、“四大天王”和木更津、佐世堡等“霸王”机队，均相继受到了歼灭性打击。再如，1938年2月23日，苏联飞行员又远征台湾，重创了那里的日军航空基地，歼灭敌机40架，并击沉击毁敌一些舰只，以骄人的战绩，作为对当日苏联红军建军节最好的纪念。

中国抗日战争时期，苏联志愿飞行人员除参加南京保卫战、武汉保卫战之外，还参加了保卫南昌、广州、兰州、重庆、成都、西安等地的空战，为援助中国人民抗战尽了最大努力。据官方统计材料，至1940年，日本侵略者在陆上和空中共损失飞机986架。这其中，苏联志愿飞行员的英勇作战功不可没。

马 琴

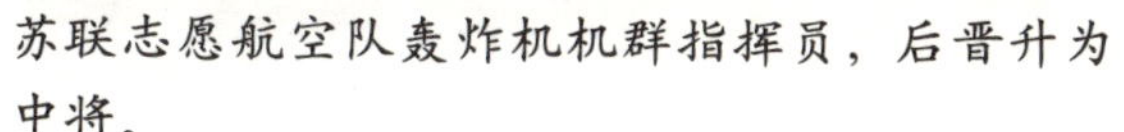

苏联志愿航空队轰炸机机群指挥员，后晋升为中将。

特霍尔

苏联志愿航空队总领队，后晋升为将军。

中国抗日战争时期，先后来华的苏联志愿飞行员和航空技术人员约数千名。其中，为中国人民的独立自由和解放事业而英勇捐躯的苏联志愿飞行员就多达236人，包括轰炸机机群指挥员库里申科和歼击机机群指挥员拉赫曼诺夫等军官。迄今武汉解放公园里还高高耸立着苏联志愿航空队烈士纪念碑。中国人民将永远不会忘记他们。

南京保卫战

1937年冬，日军在攻打上海的同时，分路西进，直逼首都南京。在保卫南京的战斗中，苏联志愿航空队与中国空军并肩作战，击落敌机20架，给嚣张一时的日军以有力回击。

战前南京的和平景象

日军飞机轰炸南京后的惨状

1938年初，苏联提供的飞机相继来华，中国空军的作战飞机这时已达390架，其中歼击机230架、轰炸机160架。

中国空军和苏联志愿航空队飞行员驾驶的 И-15 歼击机群

1937 年 12 月 1 日上午，苏联志愿航空队驾 И-16 歼击机 23 架，在大队长普罗菲耶夫的率领下飞抵南京；下午，由基达林斯基指挥的 20 架轰炸机也降落南京。当日，苏战斗机即五次升空迎战日机，先后击落日机 3 架。战斗中，飞行员安德烈耶夫牺牲，列米佐夫跳伞生还。中国飞行员敖居贤同时阵亡。

高志航

中国著名的空军英雄高志航。他曾在一次空战中击落日机 6 架。1937 年 11 月末，他奉命率队赴兰州接收苏联提供的 И-15、И-16 歼击机，返回南京途中，遭日机偷袭，被炸身亡。

飞抵南京的苏联轰炸机

1937年12月2日，苏联志愿航空队9架轰炸机在科兹洛夫大尉的带领下轰炸了上海机场和黄浦江上的日军舰船，炸沉7艘日军战舰。敌高炮击中苏飞机1架，领航员彼德洛夫牺牲，飞行员萨洛宁负伤后仍顽强驾机返航南京。这一天，苏联志愿飞行员还击落日军轰炸机6架。

苏联志愿航空队重型轰炸机群

被苏联志愿航空队在吴淞口炸毁的敌舰

1995 年在南京建立的“抗日航空烈士纪念碑”上，刻有苏联援华志愿航空队所有烈士的名字。

俄罗斯驻华使馆武官波波夫上校等向牺牲在南京的苏联志愿航空队烈士墓致敬。

亲历者的话

吴鼎臣（当时任空军第 4 大队 22 中队少尉飞行员，参加过南京保卫战）

他说："当我们大队飞机快到南京的时候，我发现了一队敌人的双发动机轰炸机，有六七架。战机不可失，我马上加快速度，向敌尾追去。越追越近了，我的心跳得很厉害。我瞄准敌机群的最后一架，两挺机枪一齐发射，这架敌机在我面前形成了一条长尾巴的火龙，凌空爆炸坠落于溧水县境内。我心情之高兴是无法形容的。"

南昌保卫战

抗战期间，南昌是中国空军重要基地之一，设有两个机场和一家飞机修理厂。

中国空军第 3、第 4、第 9 大队各一部，还有苏联志愿航空队两个大队驻在南昌。

日军占领上海、南京之后，妄图打通南北通道，占领中国南部沿海地区，因此对南昌疯狂轰炸。1937 年 12 月 9 日至 1938 年 8 月 4 日，在南昌保卫战中，中国空军和苏联志愿航空队飞行员与日军进行过多次激战。

1937 年 12 月 22 日，日本海军航空队出动飞机 23 架袭击南昌新机场。苏联志愿航空队 И–16 歼击机迅速起飞，占据高度优势，指挥员布拉格维申斯基击落日机 1 架，日机指挥官大井法人大尉毙命。

1938 年 6 月 26 日，日军出动 46 架飞机，冒雨袭击南昌。中国空军和苏联志愿航空队共 28 架飞机迎战，击落日机 6 架。其中苏联飞行员古边科击落 2 架，后遭到 3 架日机围攻，座机起火，古边科跳伞后又遭日机扫射，幸被克拉夫琴科驾机驱散，古边科得以生还。但是，苏飞行员斯拉维克还是牺牲了。

1938 年 7 月 4 日，日本海军又纠集 49 架飞机进犯南昌，中国空军出动飞机 18 架，苏联志愿航空队出动飞机 28 架。近百架飞机在空中展开激战。后日军丢下 7 架飞机落荒而逃。中、苏飞机也有损失。

1938 年 8 月 4 日，日机分两批共 27 架偷袭南昌，投弹百余枚。在地面部队败退，失去保护后，中国空军和苏联志愿航空队飞机转场隐蔽。

在南昌空战中牺牲的苏联志愿飞行员，还有斯米尔诺夫等人。

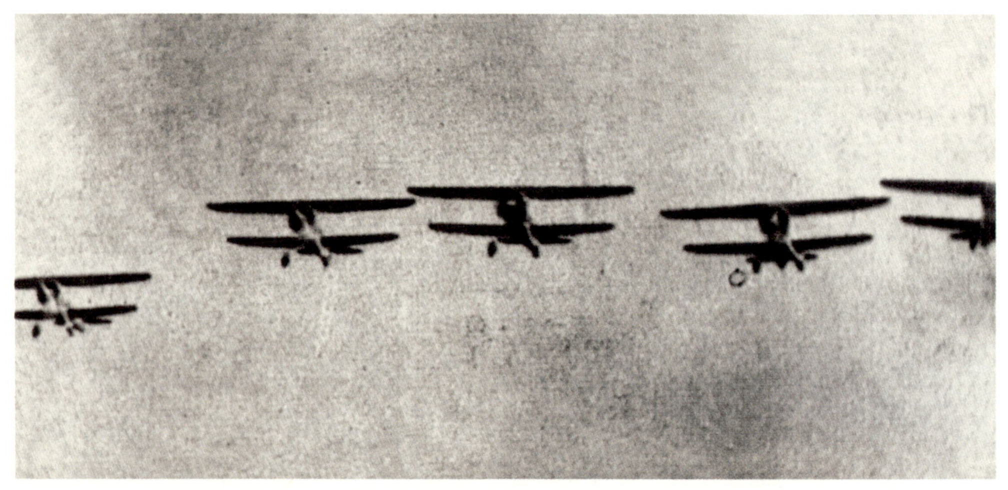

中国空军和苏联志愿航空队飞行员驾驶 И-15 歼击机起飞迎战。

苏联志愿航空队飞行员战前挂弹。

日军在他们炸毁的南昌大桥边准备渡河。

被日军轰炸后燃烧着的南昌市

武汉空战

武汉是华中第一大城市、水陆交通枢纽，南京失守后成为中国政府军事指挥中心。武汉建有 3 个机场，是当时中国空军主要基地之一。

日军认为，攻占武汉即可控制中国中部，进而支配整个中国，并可沿长江进逼重庆。从 1938 年 6 月至 10 月，中、日双方展开了一场大战。双方投入兵力之多，战斗规模之大，都是空前的。

仅以空军为例，日军投入进攻武汉的飞机总计近 430 架。而中国当时仅剩飞机 126 架，苏联志愿航空队有飞机约 100 架。

为阻止日军沿长江进攻武汉，中国空军和苏联志愿航空队频频出击，轰炸扫射溯江而上的日军舰船及两岸行进中的日军部队。在保卫武汉的空战中，中、苏飞行员并肩作战，不畏强敌，打了不少漂亮仗。

在武汉会战期间，中国空军和苏联志愿航空队共炸沉敌舰船 33 艘，炸伤 67 艘；击落敌机 62 架，击伤 9 架，炸毁 16 架。

据资料统计，中国空军从 1937 年 8 月 14 日淞沪空战开始，至 1938 年 10 月 25 日武汉陷落，共牺牲飞行员 200 多名，平均年龄 23 岁。他们充分体现了不惧强敌、前仆后继的民族精神。其间，苏联志愿航空队也作出了巨大牺牲。中苏两国人民用鲜血铸成的友谊，永载史册。

重型轰炸机炮塔

中国空军飞机在长江上空监视敌舰活动。

停在汉口机场的 И-16 歼击机

1937 年底，在武汉的苏联顾问和志愿人员在 И-16 歼击机前留影。

苏联航空机械师卡莫宁（左一）和翻译列别杰夫（右二）在汉口机场。

亲历者的话

吴鼎臣在回忆1938年4月29日保卫武汉的一场空战时说："在4000米高空，我被3架敌机围攻，我座椅的钢质装甲靠背被敌人的子弹打得叮当响。但我沉住气，想先拼掉他一架再说，不料一架敌机从右侧后上方向我射击，打中了我的汽油箱，顿时飞机起火燃烧。我的脸部被烧。我一看形势危急，立刻解开安全带，猛推驾驶杆，弹出了座舱。在离地3000米的时候，我打开了降落伞，只见满天飞机在我上空激战。这一天，我们共击落日机21架，我方也损失12架。"

战斗间隙中的苏联志愿航空队飞行员们

在空战中被中国空军和苏联志愿航空队击落的日机

A. C. 布拉格维申斯基："苏联英雄"称号获得者、苏联志愿航空队武汉地区歼击机机群指挥员，时为中校，他一个人击落日机7架，他指挥的机群共击落敌机40架。1994年在莫斯科逝世。

1938年5月31日，夺取武汉心切的日军又纠集54架飞机袭击武汉。苏联志愿航空队以21架И-15、И-16战机升空1500米；中国空军以18架И-15、И-16战机升空至2400米，以立体纵深空战阵势迎敌。日军见防备完整而掉头东逃。中、苏飞机猛扑追打，击落敌机5架。古边科在击落1架敌机、打光子弹后，奋不顾身向日机撞去，日机断翼坠落，而古边科驾驶受伤的飞机安全返回机场，一时传为军中佳话。

亲历者的话

A. 布拉格维申斯基、A. 普希金、C. 费道洛夫、B. 卡莫宁、B. 伊万诺夫、M. 那依金柯回忆片断

（1938年）4月29日大清早，驻扎南昌的苏联志愿航空队歼击机全部按分队超低空飞往汉口。8点钟，汉口机场已集中了100多架飞机。9点钟以前，所有的飞机都加足了油，飞行员都坐进自己的飞机待命。下午2时许，日本海军佐伯第12航空队的36架"96"式战斗机和18架轰炸机进入武汉空防警戒区，武汉三镇同时响起了警报，市民们纷纷逃避，市南顿时沉寂下来。布拉格维申斯基第一个起飞，随他之后，苏联歼击机都起飞了。同时，中国空军第4大队共计67架歼击机，也在另一个机场起飞迎战敌人。在与日军的大规模空战中我们首次占有优势，采取的方针是以И—15歼击机缠住日本战斗机进行格斗，以И—16歼击机攻击敌人的轰炸机。2时45分，敌机闯入武汉上空，早已迎候在此的苏联和中国歼击机立即向敌机发起进攻。200多架飞机在武汉上空翻滚搏斗，整个武汉地区响起了一片高射炮、机关枪、炸弹的爆炸声和飞机的轰鸣声。激烈的空战进行了30分钟，共击落敌机21架，其中苏联空军志愿队击落敌机12架。苏联飞行员舒斯捷尔在进攻中与敌机相撞牺牲。

被击落的日机内的物品

被击沉的溯长江而上的日军船只

坐落在中国湖北武汉市解放公园内的苏联空军烈士墓，是为纪念在抗日战争中英勇牺牲的苏联志愿航空队烈士修建的。每年烈士牺牲日（3 月 21 日），人们纷纷前来凭吊。

苏联志愿航空队烈·伊·斯科尔尼亚柯夫烈士之遗腹子尤·烈·斯科尔尼亚柯夫实现了到武汉祭父亡灵的愿望。

尤·烈·斯科尔尼亚柯夫在武汉苏联烈士墓前与当地群众合影。

苏联志愿航空队奇袭台北松山机场

松山机场位于台北郊外，除了拥有多条跑道和导航设施外，还建有巨大的油库、弹药库及飞机修配厂。日军用来攻击江浙各地的航空队都以松山机场作为前进基地。松山机场也是从日本本土南进东南亚的航管中心和重要战略基地。中国空军和苏联志愿航空队获悉日本一支运载新飞机的船队刚刚从欧洲抵达台北，于是决定奇袭松山机场。

1938 年 2 月 23 日清晨的汉口机场，4 辆苏联军用卡车驰向停机坪，在一排 С Б－2 轰炸机前停车，80 多名飞行员迅速向飞机跑去。几分钟后，螺旋桨转动起来，发动机发出轰鸣，由波雷宁大尉率领的 28 架飞机“鱼贯”滑出，腾空而起，10 分钟内消失在晨霭之中。

波雷宁大尉率领的 28 架飞机，在没有供氧设备的情况下为了节省燃料，一直上升到 5500 米的高空，严格保持直线飞行。飞行员们忍受着缺氧的生理反应，飞了两个小时。再有半小时就要到达台北了。波雷宁大尉指令降低高度至 2000 米，飞行员们大大地透了一口气，并开始最后一次检查机上的武器系统。

台湾已近在眼前，轰炸机编队又迅速爬升到 4000 米高度。为了迷惑日军，编队先向台湾以北海面飞去，然后突然急转弯，降低高度穿过海岛北部的山谷，出其不意地向松山机场扑去。

10 点 30 分，28 架 С Б－2 飞机，携带着 280 枚炸弹，冰雹般地砸向松山机场的飞机、油库、机库、弹药库，松山机场顿时一片火海。没有遇到一架日机抵抗，没有一门高炮对空还击，英雄的苏联志愿航空队 28 架飞机完好无损，安全返航。

事后情报获悉：此役共炸毁日机 40 架、营房 10 栋、机库 3 座，可供该基地使用 3 年的航空汽油也损失殆尽。

СБ-2 轰炸机射击舱

苏联志愿航空队轰炸机机群飞临台湾松山机场。

轰炸机奇袭台北松山机场前挂弹。

苏联志愿航空队的飞行员们在机场的草地上待命出击。

中苏美三国空军将校联手导演大空战

1938年4月28日，中国航空委员会主任周志柔将军、苏联志愿航空队领队日加列夫将军和中国航委会顾问、美国上校陈纳德坐到了一起。他们认为，第二天是日本天皇的生日，日军为给天皇献礼，一定会到武汉轰炸。为诱敌前来，他们共同导演了一场大空战。

当日傍晚，日加列夫和陈纳德登上武汉东湖边的一栋高楼楼顶，等待着汉口机场上中、苏飞行员的行动。一架架战鹰在黄昏中起飞，从武汉三镇上空低空掠过，消失在东南方向的暮霭里……

日本间谍不知是计，速将中、苏大队战斗机飞离汉口的情报报知指挥部。他们没有想到，天黑以后中、苏飞行员又悄悄飞回了汉口机场。

第二天下午，预警观察哨报告：日本驻芜湖的第12航空队的36架“96”式战斗机掩护18架“96”式轰炸机起飞，向西飞去。

陈纳德按航程计算，日本战斗机的油量只够一个来回的需要，不能久战。根据他的建议，中国空军第4大队19架 И–15歼击机负责与敌战斗机群缠斗，消耗其油量，并竭力使其与轰炸机群分开。苏联志愿航空队的45架歼击机，在武汉以东约50公里处设伏准备出击。

14时30分，日本轰炸机编队首先接近武汉，中国空军飞行员率先打掉2架敌轰炸机。日战斗机扑过来，企图以数量优势冲散中国战斗机。中国空军9架飞机放过敌轰炸机群与敌战斗机混战。敌轰炸机只好自己飞向目标。早已设伏的苏联志愿航空队的歼击机机群冲向敌轰炸机，以密集的火力击落敌轰炸机15架，仅3架逃离。

敌战斗机因油量有限匆忙返航。无奈刚刚离开武汉，迎头又遇上苏联志愿航空队的歼击机，难以冲出重围。结果，36架日本“96”式战斗机三分之一以上被击落。

这次历时30分钟的武汉空战，中、苏飞行员共击落36架敌机，成为抗战以来的空前大捷。中国空军损失飞机12架，牺牲飞行员4名；苏联志愿航空队损失飞机2架。

中国空军和苏联志愿航空队的空中编队

准备挂弹的 C Б-2 轰炸机

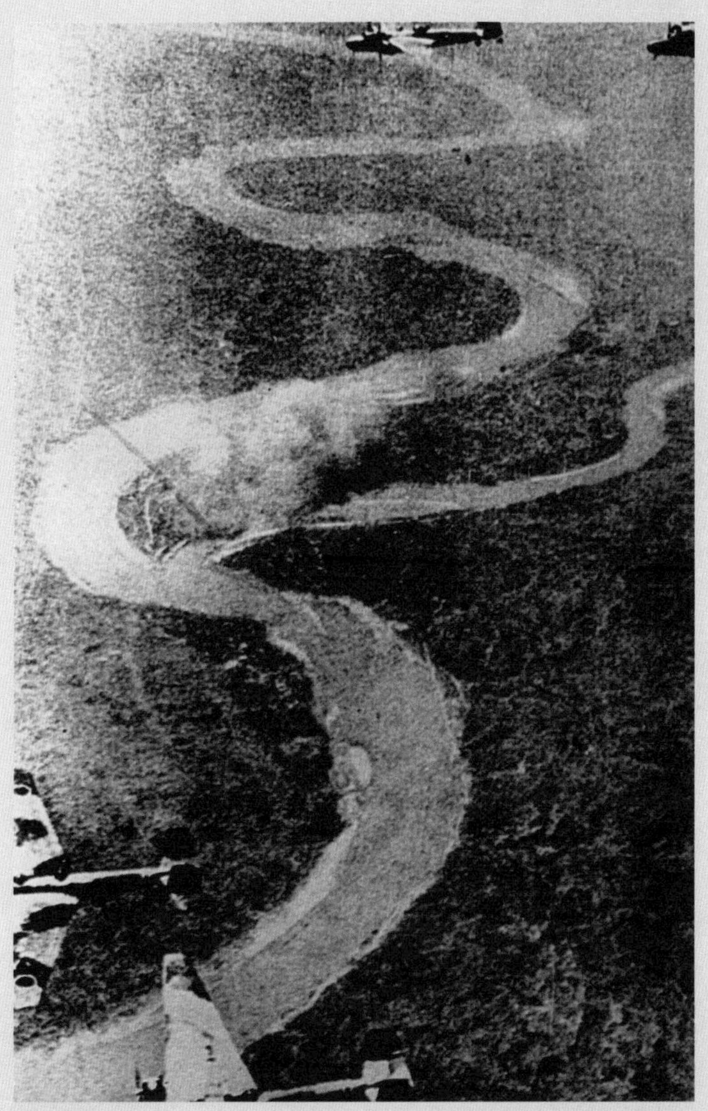

日机轰炸重庆

日本法西斯轰炸重庆

日军在占领徐州、广州、武汉以后，只是部分实现了他们的侵略计划，且战线拉得很长，兵力消耗很大。随着“速战速决”战略的破产，日本侵略者陷入了旷日持久的战争泥潭。中国人民抗日战争进入战略相持阶段。

为了扭转这种局面，日本政府决定在军事打击的同时，加强政治上的诱降和经济上的严密封锁，并以空军轰炸中国大后方，以动摇中国军民的抗日意志和决心，进而迫使国民政府屈服投降。

日本侵略者对中国大后方的狂轰滥炸，从 1938 年 12 月到 1941 年 12 月太平洋战争爆发，持续了 3 年。轰炸范围除重庆、成都、兰州等重点城市，还有中西部多个省份。

由于南京、武汉相继陷落，1938 年 12 月 1 日，国民政府迁往远离抗日前线的重庆。一时间，大批军政机关、工厂企业、文化团体、大中学校等单位以及许多达官贵人蜂拥而至，重庆人口由原来的 20 万猛增到 50 万。

为达到迫使中国政府投降的目的，日军从 1938 年底到 1941 年 8 月对重庆进行了 5 轮“疲劳轰炸”，入侵重庆的日机达 6000 多架次。在狂轰滥炸面前，重庆人民没有屈服。

日机轰炸过后，重庆一片火海。

从长江南岸当年拍摄时选用的同一角度所见的今日重庆

库里申科的壮举

1939年8月15日，苏联志愿航空队轰炸机机群指挥员库里申科率领ТБ–3型重型轰炸机群奔袭日军占领下的汉口机场，在武汉上空同敌德制Me–109式战斗机相遇，展开激战。库里申科的飞机左发动机被击中，他用单发动机坚持飞行。返航至四川万县（今重庆万州市）上空时，飞机失去平衡，他尽全力控制飞机超低空摇摆着避开居民区，迫降于长江水面。当地民众目睹这一惊险过程，纷纷跳入江中奋力营救。其他人被营救上岸，唯有库里申科因疲劳过度，溺水牺牲。当地军民为纪念这位国际反法西斯战士，在万县建立库里申科纪念碑。

1958年，应中国总理周恩来的邀请，库里申科的夫人及女儿来华访问，并与中国民众一起悼念库里申科。图为万县库里申科纪念碑。

驾驶苏联 И-15、И-16 战鹰的中国空军第 4 大队 21 中队全体队员。中立者为队长罗英德，其左为副队长柳哲生。1939 年初，该中队成员陆续调往陪都重庆地区担任防空任务，多次与来袭敌机激战。

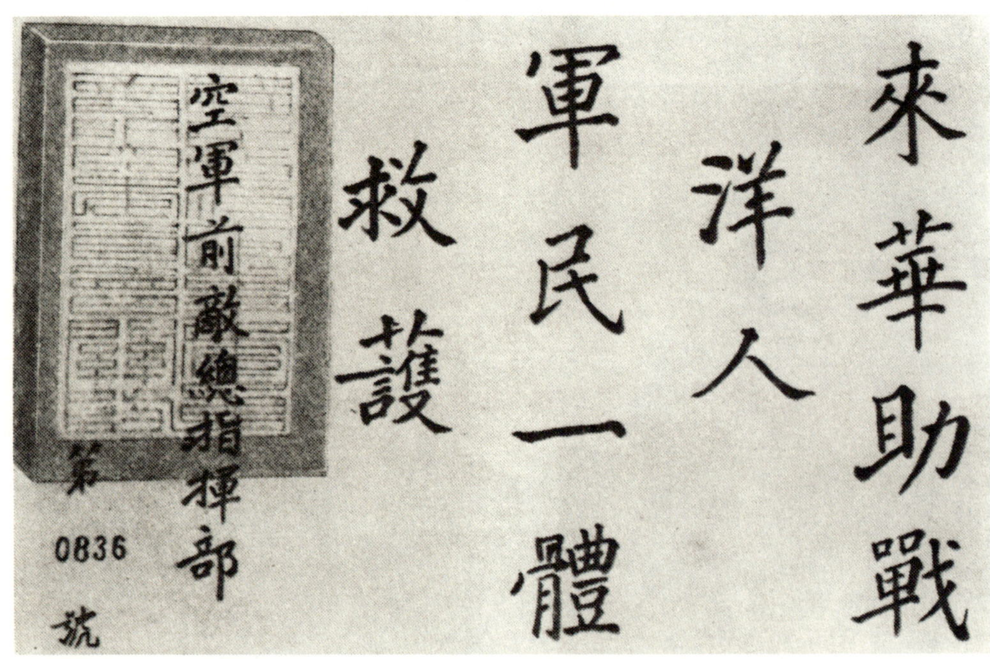

來華助戰
洋人
軍民一體
救護

空軍前敵總指揮部
第 0836 號

为了保护援华抗日的飞行员，中国政府发给他们每人一张救护证明。凭此证明，在遇险时会得到中国百姓的全力救护。

保卫兰州

甘肃省省会兰州是当时苏联援华物资的集散地，也是中国空军大后方的重要基地。兰州周围共有大小机场 5 个，经常堆放着军用物资，并设有航空修理总厂，专修苏制飞机，从苏联来华的飞机都在此加油检修，再飞往前线机场。中国飞行员要在兰州改装和训练驾驶苏制飞机，苏联志愿航空队也在这里休整和训练。兰州因而成为日军实施轰炸的重要目标之一，日军早就想拔掉这颗眼中钉。1937 年 12 月 4 日、1938 年 2 月 23 日和 11 月 15 日，他们曾 3 次空袭兰州，但由于中国空军和苏联志愿航空队及地面防空火力的有力反击，每次都无功而返。

1939 年 2 月初，日本陆军第 1 飞行团主力从汉口移往山西，以便就近空袭兰州。于是，又一场兰州空战展开了。

1939 年 2 月 20 日，日军出动 30 架飞机分 3 批袭击兰州，中国空军和苏联志愿航空队出动 50 多架飞机拦截。日军轰炸机全部中弹，被击落的有 9 架。中国飞行员何觉民受轻伤，苏联飞行员右洛塔辽夫也身中子弹，但都安全着陆。

中国空军第 3 大队的飞行员多为笕桥航校的毕业生。

当年兰州的一位画家（今研究中国抗战史的专家）陈应明根据自己的亲眼所见画下了当时的战斗场面。

苏联志愿航空队飞行员驾驶战机抵达兰州。

兰州空战中因战绩突出而闻名的中国空军第 5 大队 17 中队的飞机重新整修涂漆。

黄河从兰州流过，有一座铁桥横亘在黄河之上。当年袭击兰州的日军飞机都是从这里飞过。

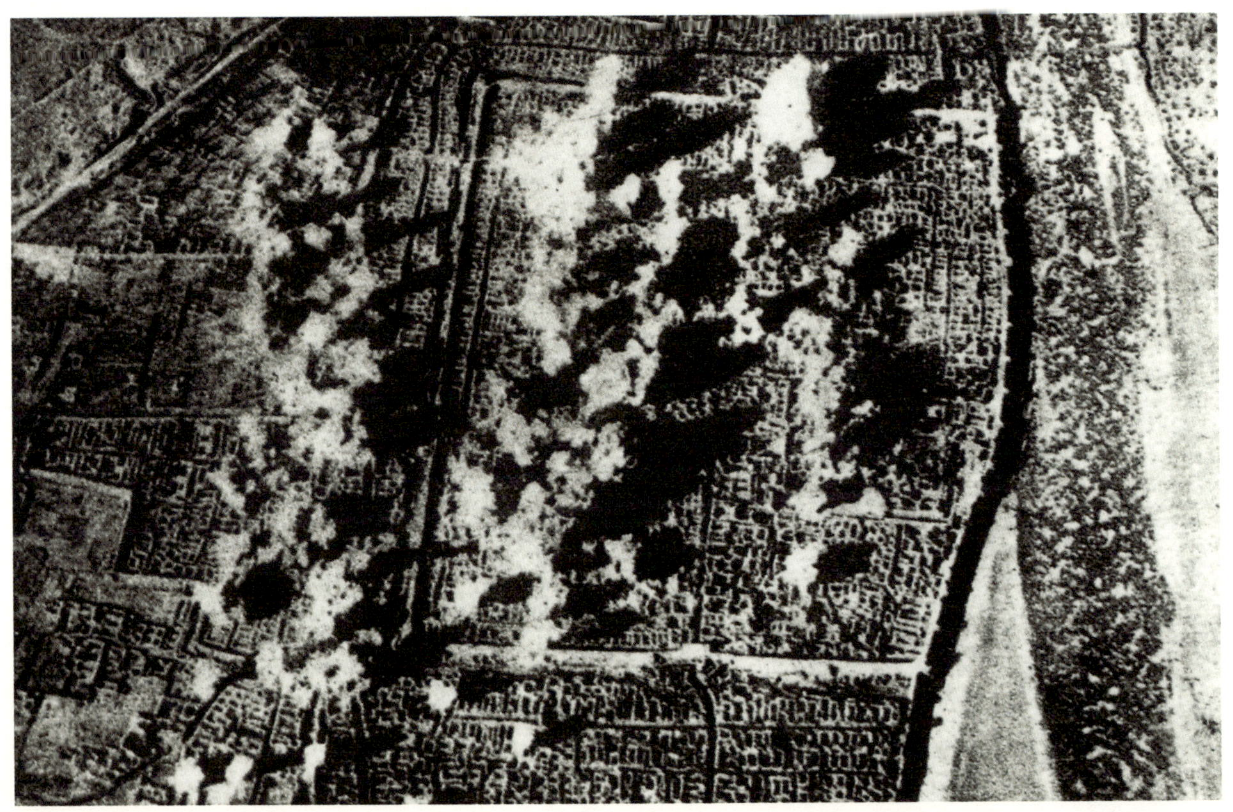

日军连续轰炸人烟稠密的兰州市区。

中国空军和苏联志愿航空队在晋北前线支援中国陆军地面作战。

兰州附近被击落的日机残骸及装备。1939 年 2 月间，中国空军和苏联志愿航空队在兰州联合作战，迫使日本第 1 飞行团全面向南败退。

被击落的日本重型轰炸机上飞行员使用的手枪及通讯设备

在兰州空战中被击落的日机残骸

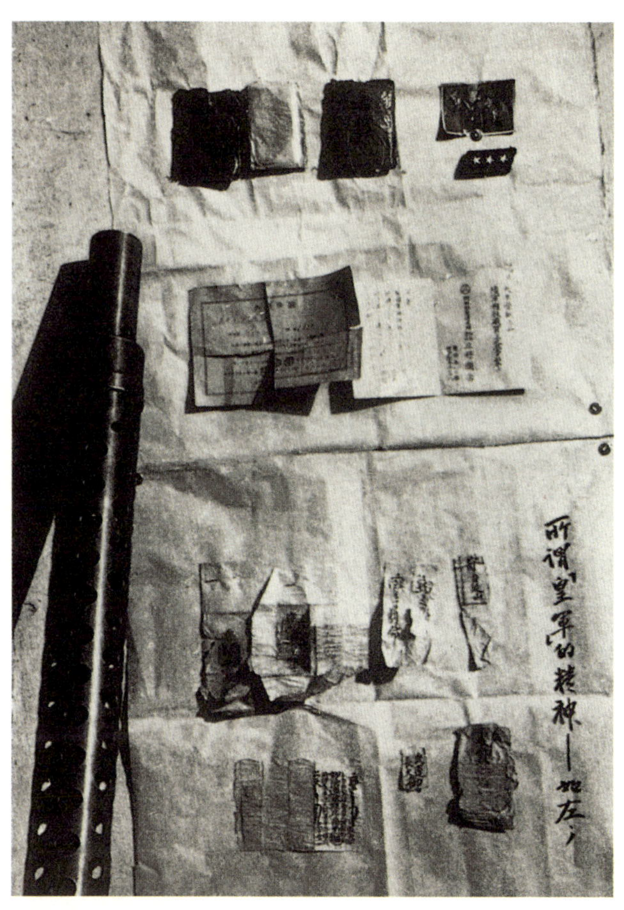

日机残骸中找到的日军飞行员部分用品

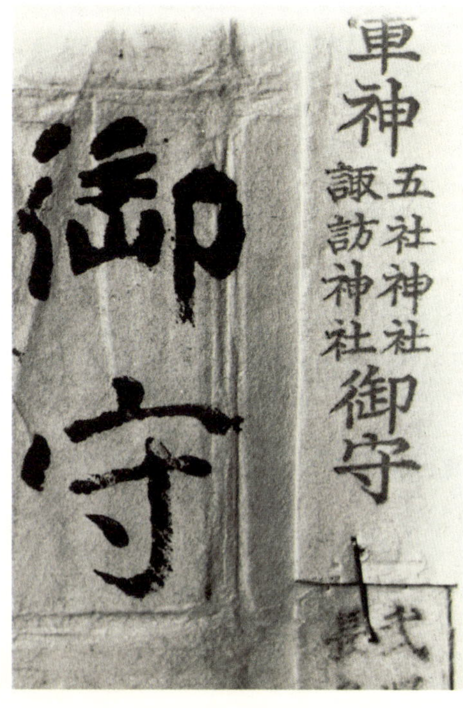

日机残骸中发现的日军飞行员的护身符

支援桂南会战

1939 年 11 月，日军为了进一步封锁华南沿海，彻底切断援华物资的海上供应线，发动了广西（简称“桂”）南部的作战。在桂南会战期间，中国空军和苏联志愿航空队共出动飞机 12 批，投弹 28 吨，炸毁敌机 15 架，并在桂林、柳州、零陵、芷江等地的 18 次空战中击落敌机 11 架。

苏制中程轰炸机

失而复得的南方要隘昆仑关

1939年10月25日下午，中国空军和苏联志愿航空队3架轰炸机、1架歼击机飞临昆仑关。日军误以为是自己的飞机，赶紧铺设信号板进行联络。中、苏飞行员乘势俯冲扫射、投弹，日军伤亡惨重。中国陆军第200师趁机立即发动强攻，夺取部分日军阵地。

10月27日是争夺昆仑关之战最激烈的一天。中国空军第3大队出动И−15和"格罗斯特"式战斗机共6架，与数倍于己的敌机空战。第32中队中队长韦一青击落日机1架后正在追击另一敌机时，被从后面冲来的敌机击中，坠落在双方阵地之间。中国陆军官兵冒着敌人的炮火冲出掩体，将韦一青烈士的遗体抢回，并乘势进攻，大破敌军。

12月31日，中国陆军大举反攻，夺回了昆仑关。中国空军和苏联志愿航空队袭击南宁机场，炸毁日机8架。

南方要隘昆仑关

14 名苏联英雄

因在华作战战功卓著，有 14 名苏联志愿航空队队员荣获“苏联英雄”称号。

苏普伦

斯捷潘·巴甫罗维奇·苏普伦：1907 年 8 月 2 日出生，1929 年入伍。1939 年至 1940 年在华参加抗日战争，指挥歼击机群。1941 年 7 月在空战中牺牲。

克拉夫琴科

格里高利·潘捷列耶维奇·克拉夫琴科：1912 年 10 月 12 日出生，1941 年毕业于苏军总参军事学院训练班。1938 年至 1940 年在华参加对日作战。1943 年 2 月在空战中牺牲。

赫留金

铁木菲·铁木菲耶维奇·赫留金：1906 年 6 月 21 日出生，1932 年入伍。1938 年来华参加对日作战，任中队长。1953 年 7 月辞世。

博罗维科夫

奥列斯特·尼古拉耶维奇·博罗维科夫：1908 年 12 月 14 日出生，1930 年入伍。1938 年 8 月来华参加对日作战，担任轰炸机机群指挥员。他 9 次率领轰炸机大队或机群作战，共炸沉敌舰 13 艘，其中一艘载有 32 架歼击机。1978 年 12 月去世。

盖达连科

斯捷潘·斯捷潘诺维奇·盖达连科：1908 年 12 月 25 日出生，1929 年加入苏军。1938 年 5 月至 8 月在华参加对日作战，曾经在 200 米低空打下敌机。1946 年因病退役。

古边科

安东·阿列克塞耶维奇·古边科：1908 年 2 月 12 日出生，1927 年入伍。1938 年 3 月至 8 月在华参加对日作战，共打下 5 架敌机，尤其是在 1938 年 5 月 31 日的空战中，在弹药打光的情况下，英勇撞毁一架敌机，而自己却安全降落，被传为佳话。

布拉格维申斯基

阿列克雷·谢尔盖耶维奇·布拉格维申斯基：1909年10月18日出生，1927年入伍。1937年12月至1938年8月在华参加对日作战，担任歼击机机群指挥员，在11次空战中打下7架敌机，并与战友一起打下2架。

兹韦列夫

瓦西里·瓦西里耶维奇·兹韦列夫：1908年出生，1930年入伍。1938年5月至8月在华参加对日作战，任轰炸机大队指挥员。在10次战斗中，与同伴一起炸沉4艘敌舰。1947年3月去世。

马尔琴科夫

马克·尼古拉耶维奇·马尔琴科夫：1914年出生，1936年入伍。1938年来华参加抗日战争，担任歼击机射击手，共作战12次。在1938年7月3日的空战中，身负两处重伤，但顽强坚持打下敌机，不幸7天后去世。他的名字被刻在武汉市苏联志愿飞行员烈士纪念碑上。

尼古拉延科

叶甫盖尼·马卡罗维奇·尼古拉延科：1905年9月17日出生，1927年入伍。在华作战时担任飞行大队大队长、歼击机群指挥员。亲自参加5次空战，并打下2架敌机。1961年4月去世。

波雷宁

费多尔·彼得罗维奇·波雷宁：1906年出生，1928年入伍。1937年至1938年在中国参加对日作战。1981年11月21日去世。

苏霍夫

伊万·斯捷潘诺维奇·苏霍夫：1907年9月19日出生，1928年入伍。1938年来华参加对日作战，担任轰炸机大队领航员，参加空袭作战21次，重创敌军。1976年10月去世。

斯柳萨列夫

西多尔·瓦西里耶维奇·斯柳萨列夫：1906年5月14日出生，1928年入伍。1938年5月至1939年3月在华参加对日作战，在12次空袭战斗中，与战友们一起炸毁敌军舰船70余艘、飞机30余架。1982年12月去世。

谢利瓦诺夫

伊万·巴甫洛维奇·谢利瓦诺夫：1903年6月7日出生，1924年入伍。1938年来华参加抗日战争，担任领航员，共参加过15次空袭作战，战绩显著。1984年10月去世。

Пролетарии всех стран, соединяйтесь!

Всесоюзная Коммунистическая Партия (больш.).

ПРАВДА

Орган Центрального Комитета и МК ВКП(б).

№ 316 (7641) | 16 ноября 1938 г., среда | ЦЕНА 10 КОП.

СЕГОДНЯ В НОМЕРЕ:

Указ Президиума Верховного Совета СССР о присвоении звания Героя Советского Союза командирам Рабоче-Крестьянской Красной Армии (1 стр.).

Указ Президиума Верховного Совета СССР о награждении командиров, политработников, инженеров, врачей, техников, младших командиров и красноармейцев Рабоче-Крестьянской Красной Армии (1 и 2 стр.).

СТАТЬЯ: С. Колесников — Философские предшественники марксизма (3 стр.).

ПАРТИЙНАЯ ЖИЗНЬ: Н. Рощевченко — Политическое воспитание интеллигенции. А. Козлов — Выдвижение женщин на руководящую работу. А. Дубровин — Плохо помогают молодым нефтерабочникам в Павлодаре (3 стр.).

ОБЗОР ПЕЧАТИ: «Литературная» продукция Владимира Морика (4 стр.).

Л. Бородин — Бюрократическая канцелярия (2 стр.).

КРИТИКА И БИБЛИОГРАФИЯ Е. Усиевич — «Мужество» (6 стр.).

Экономика фашистской Германии (4 стр.).

НА МЕЖДУНАРОДНЫЕ ТЕМЫ Обозреватель — Фашистские погромщики (5 стр.).

Процесс германского шпионского центра в США (1 стр.).

Еврейские погромы в Германии (5 стр.).

Антисемитский закон итальянского фашизма (5 стр.).

На съезде французских профсоюзов (5 стр.).

На фронтах в Испании (5 стр.).

Военные действия в Китае (5 стр.).

Декада советской музыки

Герой Советского Союза капитан-лейтенант И. А. Бурмистров.

Герой Советского Союза полковник А. С. Благовещенский.

Герой Советского Союза полковник Ф. П. Полынин.

22-тысячный митинг в честь СССР в Нью-Йорке

Процесс германского шпионского центра в США

ВВЕДЕНИЕ В СИЛУ АНГЛО-ИТАЛЬЯНСКОГО СОГЛАШЕНИЯ

ДАЛЬНЕЙШИЙ РАЗДЕЛ ЧЕХОСЛОВАКИИ

УКАЗ
ПРЕЗИДИУМА ВЕРХОВНОГО СОВЕТА СССР
О награждении командиров, политработников, инженеров, врачей, техников, младших командиров и красноармейцев Рабоче-Крестьянской Красной Армии

ОРДЕНОМ ЛЕНИНА:

ОРДЕНОМ «КРАСНОЕ ЗНАМЯ»:

ОРДЕНОМ «КРАСНАЯ ЗВЕЗДА»:

(Окончание см. на 2-й стр.)

УКАЗ
ПРЕЗИДИУМА ВЕРХОВНОГО СОВЕТА СССР
О ПРИСВОЕНИИ ЗВАНИЯ ГЕРОЯ СОВЕТСКОГО СОЮЗА КОМАНДИРАМ РАБОЧЕ-КРЕСТЬЯНСКОЙ КРАСНОЙ АРМИИ

За образцовое выполнение специальных заданий Правительства по укреплению оборонной мощи Советского Союза и за проявленное геройство присвоить звание Героя Советского Союза с вручением ордена Ленина:

1. Полковнику Благовещенскому Алексею Сергеевичу.
2. Полковнику Полынину Федору Петровичу.

Председатель Президиума Верховного Совета Союза ССР М. КАЛИНИН.

Секретарь Президиума Верховного Совета Союза ССР А. ГОРКИН.

Москва, Кремль, 14 ноября 1938 г.

1938 年 11 月 16 日，苏联《真理报》发表了为在华英勇作战、战功卓著的 14 位飞行员授予“苏联英雄”称号的消息。

《在中国上空（1937—1940）》

该书是16位抗日战争时期在华作战飞行员的回忆录。他们回忆了与中国飞行员共同战斗的情景，以及苏联飞行员与中国抗日民众间的战斗友谊。

《在中国的苏联志愿者（1925—1945）》

本书是中国第一次国内战争时期在华的苏联顾问和支援中国抗日战争的苏联志愿航空队飞行员写的回忆录，史料真实，可读性强，受到普遍的欢迎。

1996年，俄罗斯老战士委员会新任主席戈沃洛夫大将（右二）拜访北京航空联谊会。

戈沃洛夫大将参观航空博物馆。

俄罗斯老战士委员会代表团向北京航空联谊会赠送会旗。

俄罗斯老战士委员会主席西季耶夫大将向北京航空联谊会代表团成员授会员证书和证章。

1993年9月30日，在中国驻俄大使馆举行的国庆招待会上。右一：普希金中将，援华轰炸机飞行员，俄老战士委员会中国组组长（中国组是由所有援华抗日作战的老战士组成的），苏联英雄。右二：伊万诺夫，中国组副组长，前驻华武官，俄中友协第一副主席。右四：中国驻俄大使馆副武官王常福大校。

四

中苏开展情报合作

1931年“九一八事变”后，日本迅速占领了整个中国东北，这不仅损害了苏联在中国东北的利益，也威胁到苏联远东地区的安全。1932年12月12日，中苏宣布恢复1929年后一度中断的外交关系，开始就对日双边军事合作问题频繁接触。1934年3月，中国军事代表团访问苏联。1936年11月25日，日本和德国签订《反共产国际协定》，苏联政府更感到有被迫在东西两线作战的可能。支持中国抗战，牵制日本，避免东西两面作战，成为苏联政策的必然选择。

1937年7月中国全民族抗战爆发后，中国政府再次派军事代表团访苏，向苏方陈述中国抗战的世界意义及与苏联的利害关系，同苏方洽商了苏联对华军事援助事宜。8月21日，中国政府代表王宠惠和苏联政府代表鲍格莫洛夫在南京签订了《中苏互不侵犯条约》。随后，由伏罗希洛夫元帅主持援华计划，大量军火物资源源不断地经新疆运往中国内地。自1937年11月开始，苏联政府陆续派遣军事顾问和技术专家来华。截至1942年初最后一批苏联顾问撤离中国，战时曾在中国战斗和工作过的苏联志愿服务人员总数达5000多人（含志愿飞行人员）。

苏联军事顾问团一方面为中国军队抗战出谋划策，另一方面也通过中国获取日本的情报。1941年，瓦西里·伊万诺维奇·崔可夫将军来华担任军事顾问团团长。通过中国和法国驻华大使馆的情报网，崔可夫可以清楚地知道日本在中国南方和印度支那正在广泛进行军事准备并建立海军前进基地的情况。1941年初，一架日本海军的飞机在广东境内坠毁，飞机上有关日本军队在东南亚布防和修建军事设施的重要文件被中国缴获。为了得到这份文件，崔可夫亲自拜访了蒋介石，最终在《日苏中立条约》签署前几天将这份重要情报的复印件用飞机送往苏联。苏德战争爆发后，日本在南进和北进的战略选择上一直举棋不定。崔可夫根据中国战场日军的动态，结合各种点滴的情报进行分析综合，得出了日军将南进的结论，为苏联及时调整部署提供了依据。

基于共同对日斗争的需要，作为军事合作的组成部分，中苏双方开始探讨在特种情报领域的合作。1938年5月，中苏达成了情报合作意向，决定成立一个联合情报合作机构，取名为“技术合作所”。中方由国民政府军事委员会、苏方由内务部出面，进行了具体的商谈。国民政府军事委员会外事组主任周明作为中方代表与苏方代表瓦西列夫签订了《中苏情报合作经费负担议定书》，为这项合作奠定了基础。1938年7月，中苏特种情报合作所——技术合作所宣告成立。首任所长由国民政府军委会办公厅主任贺耀祖兼任（后

1929年1月25日，南京，国军编遣委员会会议闭幕时合影。前排中为蒋介石，后排右四为贺耀祖。

由国防部第二厅厅长徐培根接任），副所长由军令部第二厅副厅长、军统局主任秘书郑介民和苏方的瓦西列夫将军担任，主要任务是对日军进行情报侦测和人力情报搜集。中方参与人员主要来自军统局，最多时达268人；苏方先后派遣32名技术人员参与工作。

中苏特种情报所下设情报搜集、情报研究、电讯侦测、人事总务四个科。各科均由中方人员担任科长，苏联人员担任副职。国民政府迁都重庆后，情报搜集和信号情报侦测合并为一个科，在重庆南岸放牛坪设立特种电讯总台，负责信号情报测向、破译。同时，为了加强信号情报的侦测力度，在兰州七里河设立了电讯支台，辅助总台侦收边远地区的日本信号情报。合作所还在重庆市商会内开办了谍报人员训练班，学员有五六十人，部分来自军统局临澧训练班，部分从社会上招收或通过私人介绍，学员毕业后派往沦陷区建立情报组织，开展谍报侦察。技术合作所先后在天津、北平、山东、宁夏、上海、汉口、香港、爪哇设立了8个情报组，搜集各地日军的情报；并在重庆城内遗爱祠11号设立了无线电通信总台，保障各地情报机构与总部的通信联络。

中苏情报合作所成立后，很快取得了成果，敌伪方面的情报源源而来。1938年，该所共获取敌伪情报148件，上报91件。其中来自上海组的情报20件，来自天津组的情报 21 件，来自汉口组的情报 18 件，来自香港组的情报 10 件，来自宁夏组的情报 52 件。来自宁夏组的情报主要是日本及伪蒙方面的政治、军事动态，这对正在北方战场作战的中国军队具有重要的参考价值。来自天津、上海的有关日军兵力、人员抵港转运方向的情报，则对正面战场应对日军的作战具有重要的参考价值。直接来自苏联的情报也占有较大的比重，主要是苏联情报人员获取的有关日本的情报，这为中方了解国际局势、判断敌方动向提供了极大方便。

无线电破译也是中苏情报合作的一个重要内容。中苏合作破译了大量的日方通信，获取了不少机密情报。技术研究室的破译工作是极有成效的。诸如日本准备发动太平洋战争的情报等，具有重要价值。

1941 年 6 月苏德战争爆发，苏联遭到突然袭击，陷入被动局面，自顾不暇。1941 年 12 月太平洋战争爆发，苏联的东面威胁消除。1943 年 3 月，中苏情报合作所正式撤销。

抗战初期和中期的中苏情报合作，是中国寻求国际合作、联合盟邦军界开展全面抗战的一个重要组成部分，它开启了中国对外抗日情报合作的先河。

在中苏情报合作关系中，在野的中共与苏联也有密切的情报合作关系。这种情报合作关系源于两党之间的政治合作，并受到两党政治关系的影响。

中共是在苏共和共产国际的推动下成立的，双方一直保持着密切的联系。中国共产党早期的情报工作领导者周恩来、陈赓等都在苏联接受过情报培训。1929 年，共产国际情报局（苏军情报部的合作机构）派遣理查德 · 佐尔格到中国建立情报网。1931 年，中共中央特科和佐尔格的情报组建立了情报交换关系，由双方各派一名联络员，定期接头，交换各自获得的情报。佐尔格情报组的联络员为方文，中共特科的联络员为潘汉年。

1936 年红军长征结束后，为了帮助共产国际在中国组建情报网，中共派陈云和邓发从红军西路军残部中挑选了 12 人赴苏联培训，然后派遣到中国各地的沦陷区从事情报活动。全面抗日战争爆发后，兰州成了苏联援华物资输入中国的交通枢纽，苏联在兰州设立了军事代表处。该机构与中共驻兰州办事处保持密切联系。苏联驻兰州军事副代表弗拉基米洛夫（孙平）要求中共协助建立“联共情报组”。双方商定，由苏方提供经费、电台，中方推荐人员。情报组建立后，获取的情报由八路军驻兰州办事处转交给苏方，或由情报组通过电台发给苏方。抗战胜利后，该情报组的中方人员全部移交给中国共产党。为加强和中共的情报合作，孙平以苏联塔斯社记者的身份来到延安，建立了

红色间谍理查德·佐尔格

中共中央特科联络员潘汉年

苏军情报组。中共中央在延安专门成立了“农村工作部”，由任弼时直接领导，吴德峰任部长，帅孟奇任副部长，负责与共产国际情报组织的联系。

苏军情报组还在延安枣园开设了情报训练班，课程全部由外籍教员讲授，内容包括联共党史、情报学、收发报技术、绘图、照相等。学员毕业后被派往沦陷区从事情报搜集活动。

通过与中共的情报合作，苏联了解了中共内部的情况，也通过中共了解了一些日本的机密情况。1941 年 6 月，受周恩来领导、从事国际情报工作的中共秘密党员阎宝航（以东北救亡总会负责人身份在重庆活动），探悉德国即将进攻苏联的绝密消息，周恩来立即将此情报电告延安，毛泽东迅即电告斯大林。事后，斯大林曾致电毛泽东表示感谢。1944 年，阎宝航获得了日本关东军在中国东北地区的详细军事部署情况，包括陆空军的配置、要塞地点、布防计划、兵种兵器、部队番号、人数及将领花名册等全部绝密材料。周恩来得到这些材料后，即令中共南方局拍照报送延安，中共中央迅速通报苏联，使得苏军对日本关东军的军事部署了如指掌。1945 年 8 月 9 日，苏联对日开战，只用了很短的时间就全面突破了关东军经营十几年的防御体系，日本企图以中国东北为基地进行最后挣扎的幻想也彻底破灭。1995 年 11 月，俄罗斯联邦总统叶利钦授予阎宝航苏联“卫国战争胜利纪念章”，以表示对

东北救亡总会负责人、中共秘密党员阎宝航

阎宝航提供情报的感谢。

毛泽东除了向斯大林及时通报中国战场有关情况之外，还十分重视和苏联驻重庆人员保持好的关系。周恩来经常约见潘友新、崔可夫、罗申，交换对国内政局的意见。毛泽东也经常在延安与弗拉基米洛夫进行长时间的晤谈，试图争得苏联驻延安代表对中共领导人的主张的理解与好感，并通过弗拉基米洛夫向斯大林传送有关信息。

五
苏联卫国战争中的中国人

在第二次世界大战那场人类历史上空前惨烈的战争中，中苏两国人民并肩作战，结下了生死与共的友谊。当时中华民族的许多热血儿女，包括苏德战争爆发时正在苏联伊万诺沃国际儿童院的中共领导人及革命烈士的100多名子女，均以不同方式毅然投身到苏联卫国战争中去，为打败德国法西斯作出了宝贵的贡献。

1. 到前线与苏联红军并肩作战

1941年6月22日，德国法西斯对苏联发动“闪电战”，德军很快逼近莫斯科。苏联军民奋起抵抗，形势十分严峻。7月3日，在莫斯科以东300公里的伊万诺沃，国际儿童院的孩子们通过广播获悉这一消息后，个个义愤填膺，竞相报名参军，都想直接奔赴前线与苏联红军并肩作战。但市领导考虑到孩子们年龄太小，又不是苏联公民，婉言拒绝了他们的请求，并说他们可做些力所能及的后勤保障工作，同样可以为反法西斯斗争作贡献。孩子们只好服从。但有些孩子尤其年龄稍大些的孩子仍不甘心，总是想方设法努力实现参军上前线杀敌的愿望。中共领导人毛泽东长子、时任国际儿童院团支部书记的毛岸英就是其中之一。

1942年5月，毛岸英用俄文直接给苏联最高统帅斯大林写了一封要求上前线的信：“我是一名普通的中国青年，我在您领导下的苏联学习了5年，我爱苏联就像爱中国一样。我不能看着德国法西斯的铁蹄蹂躏您的国土，我要替千千万万被杀害的爱好和平的人们报仇。我坚决要求上战场，请您一定批准我的请求！”信的末尾署名为“阿廖沙”，并同时注明“毛泽东之子毛岸英”。

信寄出十多天后毫无动静，毛岸英有点耐不住了。恰巧这时苏军政治部副主任曼努意尔斯基将军到伊万诺沃国际儿童院看望各国的孩子们。毛岸英向老将军谈起自己对形势、对交战双方兵力对比和人心向背等问题的看法，令老将军刮目相看。毛岸英适时向老将军提出要参军上前线打德国鬼子。老将军没有答应，于是毛岸英又提出了一个“变通”的要求：进军校学习军事，掌握打击侵略者的本领。老将军见他决心如此坚定，况且上军校毕竟不是上前线，便答应可以帮忙。不久，毛岸英接到了去苏联士官学校报到的通知，半年后又进入中级军官学校——莫斯科列宁军事学校学习，1944年又进入伏龙芝军事学院深造。

离开军校后，毛岸英被授予中尉军衔，参加白俄罗斯第1方面军，在坦克部队任连指导员。在炮火纷飞的反攻战场上，毛岸英英勇顽强，不怕牺牲，一路拼搏杀敌，还随大部队开赴欧洲波兰等地，直到攻克柏林。苏联卫国战争胜利后，斯大林曾在莫斯科接见毛岸英，给予表彰，并赠送他一把手枪作为纪念。

1925年被广东国民政府选派到苏联学习航空技术、在莫斯科加入中国共产党，大革命失败后加入苏军的湖南益阳人唐铎，也是在1944年才获得上前线的机会。苏联卫国战争开始的时候，唐铎在茹可夫斯基空军工程学院就读，直到1942年8月从学校毕业。获得航空机械工程师学位的唐铎被分配到利佩茨克空军高级军官学校当少校教官。唐铎教课认真，很受学生喜爱，期间一批又一批的飞行员从他的课

刚到苏联时的毛岸英、毛岸青兄弟

1939年，毛岸英与部分同学在莫斯科的合影。二排左起：毛岸英、蔡博、刘允斌、郭志成。1938年，毛岸英进入莫斯科市莫尼诺共产国际第二儿童院学习，当时化名为谢廖沙。

堂上毕业，奔赴战场。

为了参加苏联卫国战争，唐铎多次向上级打报告，申请上前线，但都未能获得批准。一直到1944年，在战争快要进入尾声的时候，唐铎才如愿以偿，担任苏军某空中射击团副团长，奔赴前线。唐铎参加了后期对德作战，他多次率机与德机空战，屡立战功。

战争接近尾声时往往更加残酷，唐铎常常目睹一些战斗英雄驾机出去后就再也没有回来。最令他痛心的，是亲眼看着自己的学生在空战中一个接一个地牺牲。唐铎后来回忆这段岁月时说："在那些日子里，飞机几乎都是带血作战的，因为每次作战回来，后面的空乘战斗人员有的受伤有的牺牲。在特别紧急的情况下，人们就把牺牲者抬下去，把飞机检修一下，换上另一个人，立即起飞参加战斗。""有一次飞机返程时，我在跟后舱的射击手说话，说着说着，射击手就没声了。我还以为他睡着了，等飞机着陆后，才发现他已经牺牲了。"

1955年9月，唐铎被授予空军少将军衔。

由于在苏联卫国战争中的杰出贡献，唐铎获得了一枚卫国战争中的最高荣誉——苏联卫国战争勋章。1953年，唐铎告别苏联回国，任哈尔滨军事工程学院空军工程系主任。1955年被授予空军少将军衔。他以丰富的知识和阅历从事教学、科研活动，为中国空军的发展作出了重大贡献。

2. 在后方从事后勤保障工作

苏德战争爆发后，为了防止德军坦克突袭，伊万诺沃市也开始挖掘反坦克壕。国际儿童院的学生们参加了这项艰苦而浩大的工程，中国孩子当然也不例外。时值严冬，冰天雪地，气温在零下四五十度。反坦克壕的挖掘标准是深3米、宽3

米，每人每天的定额是1立方米。这对孩子们来说是一项名副其实的重体力活，体力和意志都经受着严峻的考验。

据广州起义领导者黄平之子黄健回忆说：当时土地冻得简直比石头还硬，铁镐抡下去，地上只砸下一小块；钢钎凿下去，只留下几道白印儿……手的虎口部位震裂了，就贴块胶布继续干，手心磨出血泡，仍咬牙坚持。

据李富春和蔡畅的独生女李特特回忆，在莫斯科会战中，她和她的伙伴们与全莫斯科的人们一起挖反坦克壕，手磨破了，血从棉手套里渗出来，后来她就干脆不戴手套了，血就和泥土混在一起。中国孩子比较瘦弱，但干起活来能吃苦耐劳，舍得花力气，常常受到市里表扬。而毛岸英身为国际儿童院团支部书记，是整个儿童院的"孩子头"，处处吃苦在先，以身作则，广受大家的尊重和赞扬。

除挖反坦克壕外，为了给部队制造简易的反坦克燃烧弹，黄平曾与同学们挨家挨户收集空酒瓶；他们还积极参加清扫军用机场跑道上的积雪等劳动。

20世纪40年代，苏联伊万诺沃国际儿童院，教职员与低年级中国学生合照。前排左起：刘煜奋、张福、邓发的女儿邓金娜、孙和、柴娥丽；二排左起：邓新华、秦吉玛、杨东、卡萨雅；三排左起：秦平、陈松、中国老师张梅、杨维如、侯果力、刘维明；后排左起：苏联老师、李明娜、院长基·扎·马卡洛夫。

1944 年，国际儿童院部分学员合影。（一排左三：林鹰、左四：李敏、右三：于彬、二排右一：李多力、后排右二：肖苏华）

当时黄健只有十五六岁，正在发育期，但他顾不得这些，每月都和一些伙伴坚持到医院献血，每次 430 毫升。献血后没有任何经济补偿，连营养餐也没有。战争期间，苏联公民实行定量供给，每人每天只供给用土豆和麦子加工后剩余的残渣做成的黑面包 500 克；国际儿童院稍微优待一点，也不过增加 30 克而已，根本吃不饱。孩子们只能忍饥挨饿，凭着顽强的意志生活、工作和战斗。

孩子们在伊万诺沃参加军事训练，去工厂和集体农庄参加劳动，替代一些上前线的工农青壮年种粮种菜，收获小麦、土豆等农副产品，并到森林中伐木，或参加缝纫组缝制军衣、帐篷以及冬天打仗用的白色斗篷和手套等，还到市内医院帮助救护伤员等。刘少奇之女刘爱琴回忆说：她是 14 岁进入国际儿童院的。苏德战争爆发时，女孩子们接受了后勤保障方面的任务，她就是那时学会蹬缝纫机的，至今未忘。当时五六台缝纫机昼夜不停地工作，她们轮班坐到缝纫机旁赶制军服，并做了一些刺绣的工艺品，一部分直接送到前线慰劳战士，另一部分用来换钱给伤病员购买慰问品。李特特回忆说：苏联卫国战争期间，后方需要向前线及时运送大量武器和弹药。她们年龄小运不动，就帮助定做用来装载弹药和机枪零部件的木箱子，先由工厂裁好尺寸，再由他们严格按照规格要求制成各种大小不一的箱子。

3. 协助苏联人民进行防空

苏德战争期间，尤其是战争初期，德军狂轰滥炸，给苏联人民的生命和财产造成巨大损失。为了预先做好伊万诺沃市的防空工作，国际儿童院的中国孩子们和其他各国的小伙伴与市民一起做了一些必要的防空准备工作。李特特回忆说，她们帮助准备一些铁钳子、大水桶和沙子堆到房顶。若燃烧弹来袭，他们就用钳子把燃烧弹夹到水桶里；若有炸弹未来得及爆炸，他们便迅速捡起炸弹埋到沙堆里去，以减少生命和财产损失。

4. 参加民兵作为后备军

苏德战争期间，伊万诺沃市政府在国际儿童院挑选了 20 多个年龄较大并且是共青团员、七年级以上的孩子参加了民兵，作为后备军。李特特就是其中一员。据她回忆，当时市政府还专门派了一名军人对他们实施了严格的军事训练。为了提高杀敌效率和更多地歼灭敌人，李特特自告奋勇当机枪手，并真的成为一名合格的轻机枪手。

李特特说，当时训练毫不含糊：教练先拿个手提机关枪摆在桌子上，一一分解开，并详细讲解各个部件的名称和性能，然后让民兵学员再组装起来。为了检验学习效果，实行严格考核。教练故意把机枪零件打乱，然后蒙着民兵学员的眼睛让他们摸零件、识别零件，并重新组装起来。大家都十分努力，在短时间内掌握了打击侵略者的本领。此外，教练还讲解怎样射击、怎样维护、怎样排除故障等。

5. 从事反法西斯斗争的情报保障工作

苏德战争期间，还有个别孩子当上了苏联谍报员，罗亦农之子罗西北就是其中之一。罗西北是 15 岁进入国际儿童院的。不久苏德战争爆发，院方要求孩子们每人要掌握一定的技能，他就是在这时对无线电技术产生了浓厚兴趣的。1944 年 8 月，罗西北七年级毕业，随后报考了伊万诺沃机电工程学校。苏联卫国战争结束后不久，他被秘密带到莫斯科苏联国家安全部。一位将军接见了他，同他讲述了中国东北抗日战争的形势，并问他是否愿意为解放东北参加谍报工作。听说是打日本鬼子，罗西北立即欣然应诺。

随后，罗西北在苏联赤塔接受了无线电发报的专门训练，不到一个月就基本达到了发报员水平。在当地迎来日本投降的消息后，他并未放弃工作，而是以苏联谍报员的身份，于 1945 年 10 月经满洲里到达齐齐哈尔，与国民党收编当地土匪组成的“光复军”进行斗争，并将大量有价值的情报发回中共方面，为中国人民解放战争的胜利作出了自己的贡献。

6. 在德军集中营中的苦难与抗争

苏德战争爆发时，朱德的女儿朱敏与其他 20 个来自各国的孩子正在白俄罗斯的夏令营，突然间竟沦为德国法西斯的小囚徒。1943 年 8 月，他们被装入闷罐车，押送到德国东普鲁士，关进惨无人道的集中营里服苦役。

在那里，他们经常遭辱骂、挨毒打，苦不堪言。朱敏不畏强暴，严守身世，骗德国人说自己的父亲是中医，自己是来苏联看病的。就这样，她顽强地在集中营里活了下来，但由于三年多的囚徒生活，加之语言不通，长期沉默不语，几乎使她丧失了语言功能。直到 1945 年 1 月苏联红军攻克东普鲁士，朱敏才得以离开集中营。

后来，朱敏又经过几个月的流浪生活，直到在乞讨时被送到波兰一个苏联难民收容站里，苏联方面才发现这位中国八路军总司令朱德的女儿还顽强地活着。在苏联有关方面帮助下，她于 1946 年 1 月回到莫斯科，并在那里完成了中学和大学学业。

2008 年 5 月 1 日，毛泽东之女李敏（前排左二）和其他当年曾在此生活学习的中国“国际儿童院”学生专程从北京来到俄罗斯伊万诺沃国际儿童院，参加建院 75 周年庆典活动。

2010 年 7 月 7 日，已故国家领导人刘少奇长女刘爱琴（前右）、毛泽东之女李敏（中）、李富春副总理之女李特特（左）等嘉宾，出席在中国人民抗日战争纪念馆举办的“回顾胜利——俄罗斯专题展”开幕式。

7. 全程经历苏联卫国战争的中国女战地记者

在苏联卫国战争的战场上，曾经有这样一位中国女性，她全程经历了卫国战争，足迹遍及斯大林格勒、列宁格勒、莫斯科战场和波罗的海。她就是战地记者胡济邦。胡济邦用清新明快的笔触向中国人报道德军的残忍、苏联人民的不屈不挠以及战争胜利的喜悦，她的报道极大地鼓舞了国内抗战的信心。

胡济邦 1933 年夏进入国民政府外交部，次年春天秘密加入中国共产党。1935 年，她以中国驻苏联大使馆新闻随员的身份被派驻莫斯科，后来又兼任《中苏文化》杂志的记者。第二次世界大战期间，胡济邦只身待在苏联，深入苏德战争前线采访红军，在采访中亲眼目睹德军的进攻。她还参加战斗，对扑上来的德军开枪。

作为苏德战争全过程的见证人，胡济邦用手中的笔向中国人民报道了苏联军民誓死抗击德国法西斯的一幕幕壮烈场景。其中《解放后的斯大林格勒》、《莫斯科大会战》都是振奋人心的名作。这里引用她的报道《莫斯科保卫战》中的一段，可以让我们重新回味那个伟大的历史时刻：

苏德战争期间胡济邦在苏联留影。（美国记者斯诺摄）

“我忘不了莫斯科大战，我永远忘不了德军集中百万以上的军队对莫斯科实施‘台风’行动，飞机狂轰滥炸投下的炸弹像秋天的落叶一样多；我忘不了德军就在城郊，而斯大林却在红场检阅部队。德军不可战胜的神话，最终在莫斯科破灭了。”

六
苏联出兵中国东北
与中国战场全面反攻

1945年上半年，世界反法西斯战争和中国人民的抗日战争进入胜利的前夜。2月，美、苏、英三国首脑秘密签订《雅尔塔协定》，约定德国投降及欧洲战争结束后2至3个月内，苏联参加对日作战。5月8日，德国无条件投降，欧洲反法西斯战争胜利结束，日本完全陷入孤立。在太平洋战场，1944年11月起，以塞班岛为基地的美军B−29轰炸机开始大规模空袭日本各城市。1945年1月起，美军相继在吕宋岛、硫磺岛、冲绳岛登陆。6月30日，美军攻克冲绳全岛，从东、南两个方向直逼日本本土。

在中国敌后战场，1944年1月至1945年8月初，八路军、新四军和华南人民抗日游击队连续发起大规模局部反攻，并以一部向河南、湘鄂赣边、苏浙皖边敌后进军，歼灭日伪军47万余人，攻克城市70余座，收复国土32万平方公里。解放区面积扩大至86.4万平方公里，部队达93万余人，民兵达220万余人，为全面反攻奠定了基础。

1945年4月23日至6月11日，中国共产党第七次全国代表大会在延安隆重召开。会议确定了“放手发动群众，壮大人民力量，在我党的领导下，打败日本侵略者，解放全国人民，建立一个新民主主义的中国”的政治路线，并规定了军事任务，即“动员军队与人民，从各方面来准备大反攻，及准备战略上由以游击战为主到以运动战为主的转变”。同时，号召“中国人民应该扩大自己的军队——八路军、新四军及其他人民军队，并在一切敌人所到之处，广泛地自动地发展抗日武装，准备直接配合同盟国作战，收复一切失地”。

德国法西斯投降、欧战结束后，苏、美、英三国政府首脑斯大林、杜鲁门、丘吉尔（7月28日后为新任首相艾德礼）以及三国的外长、参谋长和顾问等，于1945年7月17日至8月2日在德国柏林西南的波茨坦举行会议，就一些共同关心和面临的重大问题进行协商。这是第二次世界大战全面爆发以来的第三次三国首脑会议，史称“波茨坦会议”，亦称“柏林会议”。会议通过了两个文件，一是《柏林会议公报》，二是《柏林会议议定书》，两个文件都由斯大林、杜鲁门和艾德礼分别代表苏、美、英三国政府签署。此外，会议还发表了《美中英三国促令日本投降之波茨坦公告》。中国政府虽未参加讨论，但公告事前征得中国政府同意，所以以这三国共同宣言的形式发表。当时苏联尚未对日作战，所以没有签字。

但日本法西斯顽固坚持反动立场，公开拒绝了波茨坦公告。同盟国只有对它进行最后一战。美国为了争取掌握占领日本的主动权，于8月6日在日本广岛投下了一颗原子弹；8月9日，又在长崎投下了第二颗原子弹。

苏、美、英三国政府首脑在雅尔塔举行会议。会上，商讨了苏联对日作战等问题。

8月8日17时（莫斯科时间，东京时间为当日23时），苏联外交人民委员莫洛托夫召见日本驻苏大使佐藤尚武，交给他一份苏联对日宣战书，宣布苏联将参加波茨坦公告，并当面宣布，苏联从8月9日起同日本处于战争状态。苏联对日宣战，既是履行在雅尔塔会议上所承诺的在德国投降后2或3个月参加对日作战的反法西斯国际义务，也是苏日矛盾加深、双方长期军事对峙的总爆发。

此前，苏联政府已于1945年4月5日宣布废除《苏日中立条约》。早在1945年2月雅尔塔会议后，苏联最高统帅部即已开始对日作战之准备。苏、美、英三国首脑在那次会议上讨论了苏联对日作战等问题，通过了《苏美英三国关于日本的协定》。4月27日，苏联最高统帅部任命华西列夫斯基元帅为苏联远东军总司令。5月，又从西线抽调大军到远东，同时，将各种军事物资和军事装备、器材源源不断地调运至远东，大大增强了远东苏军的兵力和装备。至8月初，苏联已在中国的东北边境部署军队150多万人、火炮26000多门、坦克5500辆、飞机3800多架，总的兵力兵器远远超过日本关东军（当时关东军仅有约75万人），形成了极大的优势。

1945 年 8 月底，八路军和苏联红军在山海关会师。

苏联对日宣战，大大出乎日本的意料。日本原来判断，苏军对德作战结束后需要休整，对日作战时间可能在 1946 年春，最早也要到 1945 年 9 月上旬；苏军的主要进攻方向，可能由苏联滨海地区向中国东北地区实施。关东军根据这一判断，把中国东北地区的东部确定为重点防御方向。

8 月 9 日零时 10 分，远东苏军发起对日作战。苏军采取了出敌不意的闪击战法，以后贝加尔方面军、远东第 1 方面军和远东第 2 方面军计 150 多万大军越过中苏边境，从东、西、北三个方向同时向驻守中国东北之日本关东军发起进攻，东西并进，以西为主，北面为辅助进攻方向，迅速切断了东北日军与华北、朝鲜的联系，分割围歼关东军主力于中满地区。与此同时，苏海军太平洋舰队也先后在朝鲜北部、千岛群岛登陆，协同陆军作战。

在苏联出兵中国东北地区的同一天，中国共产党中央委员会主席毛泽东就苏联对日宣战发表了《对日寇的最后一战》的声明，要求："中国人民的一切抗日力量应举行全国规模的反攻，密切而有效力地配合苏联及其他同盟国作战。八路军、新四军及其他人民军队，应在一切可能条件下，对于一切不愿投降的侵略者及其走狗实行广泛的进攻，歼灭这些敌人的力量，夺取其武器和资财，猛烈地扩大解放区，缩小沦陷区。……中国民族解放战争的新阶段已经到来了，全国人民应该加强团结，为夺取最后胜利而斗争。"同日 24

时，朱德总司令向各解放区所有武装部队发布第 1 号命令。11 日 8 时、9 时、10 时 30 分、11 时、12 时、18 时，朱德总司令又连续发出第 2、第 3、第 4、第 5、第 6 和第 7 号命令：令晋察冀、晋绥和山东军区以及在华北之朝鲜义勇队，各以一部兵力向察哈尔、热河、辽宁、吉林等地进发，配合苏联红军作战，消灭抗拒的日伪军；令各解放区部队向本区一切敌占交通要道和城镇展开进攻，迫使日伪军无条件投降，对收复的城镇实行军事戒严，维护秩序，保护居民。

根据中共中央的指示和毛泽东主席、朱德总司令的命令，八路军、新四军和华南抗日游击队利用自己处于抗日最前线的有利态势，迅即对华北、华中和华南地区日伪军占领的大中城镇及交通要道发动大规模进攻，并配合苏联红军解放东北。

中国战场的大反攻，实际上是中国敌后战场的全面反攻。因为中国抗日战争的正面战场自 1944 年豫湘桂作战后，大片国土沦陷，全国上下怨声载道，国民政府面临着政治和经济危机。1945 年春，国民政府军事委员会为摆脱困境，决定“开始使用中国战区内所有之陆军空军及后勤机构，对在华之日军予以强烈紧密之进攻”。国民政府判断，日军随时有投降的可能，因此准备在日军投降时，速派军队先行占领上海、大沽、广州、青岛、汉口等地。但是，当时国民党军正规部队大多偏处西南各省，上述战略要地非唾手可得。由于世界反法西斯战争形势的发展比国民政府军事委员会的计划要快得多，国民党军队还没有来得及部署就绪，日本已宣布无条件投降，国民政府军事委员会原定的“大攻势计划”未及实施。因此，中国战场大反攻的重任就历史地落在了中国敌后战场的肩上。在苏联红军于 8 月 9 日开始实施远东战役、出兵中国东北地区的同时，中国共产党领导的敌后解放区抗日武装力量即将已持续一年半之久的局部反攻发展为全面大反攻。

八路军、新四军和华南人民抗日游击队利用自己长期浴血奋战在敌后，处于敌占区最前线的有利态势，迅即对华北、华中和华南地区日伪军占领的大、中城镇及交通要道发动大规模反攻，并配合苏联红军解放中国东北地区。晋察冀军区部队进逼北平、天津，攻占张家口等城镇，控制了交通要道；晋绥军区部队逼近太原，攻入归绥，夺取了日伪军占据的城镇要点；晋冀鲁豫边区部队向太原、开封、安阳等城市逼近，切断了同蒲、陇海、平汉等铁路线；山东军区部队向济南、青岛、徐州等地进军，切断了津浦、胶济、陇海铁路交通线；新四军各部队夺取了苏、皖、浙地区敌占乡村和县城；华南人民抗日游击队根据中共中央关于以主力继续向粤北发展，同时以一部兵力进占广九线及一些小城市的指示精神，迅速攻歼了盘踞在本地区的日伪军，收复了一些集镇等地区。

中国军队的全面反攻作战与反法西斯盟军尤其是苏军和美军对日军势如破竹的最后战略进攻，形成了对法西斯日本的巨大合力，迅速摧毁了日本的心理防线。仅苏军出兵中国东北作战就歼灭日军 67.7 万人，其中 8.3 万人被击毙、59.4 万人投降。据苏军统计，苏军伤亡 3.2 万人。苏联实施远东战役，出兵中国东北地区，大大地加速了日本法西斯崩溃和中国抗日战争胜利暨世

苏联政府官员向国内人民宣布对日开战的消息。

界反法西斯战争胜利结束的进程。

8月14日10时50分，裕仁天皇召集最后一次御前会议。会上，陆相阿南、参谋总长梅津、海军军令部总长丰田等人重申了要求给同盟国再发照会进行交涉或继续进行战争以死里求生的意见。天皇鉴于大势已去，挥泪作出接受盟国波茨坦公告的决定，并要政府起草“终战诏书”。“会议在全体涕泣声中结束。”至此，日本军国主义统治集团才最后下决心被迫投降。

8月14日午夜至15日凌晨，一些少壮派军人发动兵变，枪杀近卫师团长，包围皇宫，但终因日本的投降大势不可逆转，没有获得日本军队上层的赞同，

立即被镇压下去了。天皇投降诏书录音的广播得以按原计划进行。

8月15日12时，《君之代》乐曲奏过之后，稍停片刻,便传来了天皇宣读《终战诏书》的声音。

9月2日上午9时，日本无条件投降签字仪式在东京湾的美国战列舰“密苏里”号上举行。日本东久迩内阁外相重光葵代表天皇和内阁、陆军参谋总长梅津美治郎代表日军大本营首先在无条件投降书上签字。接着，受降的同盟国代表盟军最高统帅麦克阿瑟上将、美国代表尼米兹海军上将、中国代表徐永昌上将、英国代表福莱塞海军上将、苏联代表杰列维亚科中将、澳大利亚代表布莱梅将军、荷兰代表欧英中将、法国代表莱克勒将军、加拿大代表哥斯格洛夫上校、新西兰代表伊席特将军先后签字。

1945年10月24日,《联合国宪章》经中、苏、英、美等多数签字国批准后正式生效。根据《联合国宪章》规定,中国不仅是联合国创始会员国,而且还是安理会五个常任理事国之一。中国的大国地位通过联合国宪章得到了国际的正式确认。这也是对中国在世界反法西斯战争中付出的巨大民族牺牲和作出的重大贡献的确认。

中国抗日战争的胜利，不仅是以国共两党合作为基础的中国抗日民族统一战线的胜利，也是世界反法西斯统一战线的胜利。中国是世界反法西斯统一战线的一员，既为世界反法西斯战争作出了贡献，也得到了世界各国爱好和平和自由的人们特别是各同盟国尤其是苏联的同情、支持和援助。中国政府和人民永远不会忘记这些宝贵的国际援助。虽然今天苏联已不复存在，中国人民的感谢则与时俱存。这种真挚的感谢属于当年苏联、今日各相应国家尤其是俄罗斯的人民。

蘇聯對日宣戰

加速結束戰爭減少各國人民的犧牲和苦難

莫洛托夫

中国报纸上刊出的苏联对日宣战消息

蘇聯對日宣戰後

中共中央委員會主席毛澤東發表聲明：

中共中央委员会主席毛泽东就苏联对日宣战发表声明

苏联红军出兵东北示意图

（一九四五·八——九）

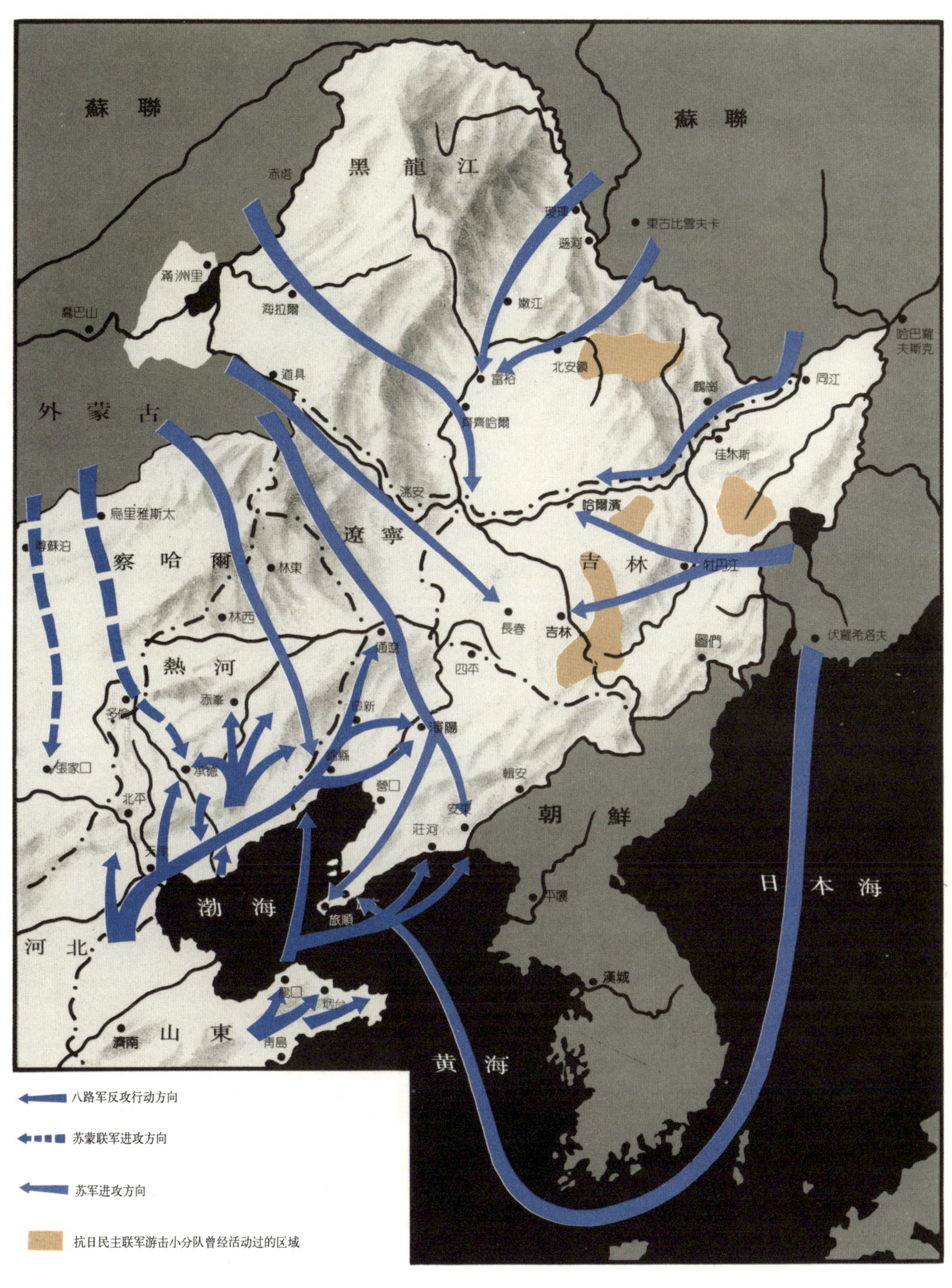

华西列夫斯基元帅1945年4月被任命为苏联远东军总司令，后率领苏联红军部队在中国东北给日军主力关东军以致命打击。

苏联红军的炮兵攻打驻牡丹江的日军。

苏联军队对日宣战后向中国东北进军。(俄新社提供)

苏联红军的坦克部队向日本关东军进击。

苏联红军进驻满洲里

苏军步兵越过大兴安岭。

苏军炮兵向日军阵地展开猛烈炮击。

苏军炮兵用大口径重炮轰击关东军要塞阵地。

被摧毁的日本关东军军事要塞

被摧毁的日本关东军地下工事

苏军坦克部队穿越大兴安岭。

苏军坦克部队穿越戈壁沙漠。

苏军将领克雷洛夫、普洛布济科和波诺马廖夫亲临前线视察。

1945年9月，苏联远东军总司令华西列夫斯基元帅（前中）在远东第一方面军司令梅列茨科夫元帅的陪同下抵达哈尔滨。

配合陆军出兵东北的苏联空军

向日军进攻中的苏联红军部队

苏军太平洋舰队攻入旅顺港。

松花江上的苏联军舰。

为苏联红军担任侦察和先导任务的中国抗日联军教导旅

配合苏联红军作战的中国东北抗日联军

进军东北的八路军指挥员与苏联红军将领共同商讨作战部署。

某抗日根据地领导人与苏军驻当地的城防司令在一起。

苏联红军和八路军部队指挥员在对日作战前线。

苏联红军远东军总司令华西列夫斯基元帅（中）和远东第1方面军司令梅列茨科夫元帅（左）与日本关东军代表（右）商谈日军投降事宜。

向苏联红军投降的日本侵略军。（俄新社提供）

日本投降后收缴的部分武器装备及物资

1945 年 8 月 19 日，伪“满洲国”皇帝溥仪在沈阳机场被苏军俘获。

被苏军收缴的日本坦克。（俄新社提供）

日本俘虏走在哈尔滨街道上。(俄新社提供)

1945年9月2日，日本投降签字仪式在美国海军“密苏里”号战列舰上举行。图为苏联代表杰列维亚科中将在日本投降书上签字。（俄新社提供）

日本关东军代表在投降书上签字。

苏联空降部队空降在哈尔滨火车站。

苏军开进哈尔滨。

哈尔滨市的群众集会欢迎苏联红军。

大兴安岭地区的百姓与苏联红军官兵亲切交谈。

中国东北的市民热烈欢迎苏联红军官兵。

苏联坦克兵在大连。

北平（今北京）各界人士在故宫召开大会，庆祝抗战胜利。

宋美龄女士慰问苏联红军时，和红军将领一齐举杯庆祝胜利。

台湾民众汇集台北中山堂会场，庆祝抗战胜利。

1937年至1941年，来自苏联的3665名军人志愿者参加了中国境内的战斗，其中211人牺牲。苏联军队在中国阵亡人数最多的是1945年8月对日战争期间，有12031人牺牲，几乎都被安葬在他们浴血奋战过的城市和居民点里。（据《今日俄罗斯》资料）图为苏军烈士纪念碑。

长春纪念碑

沈阳纪念碑

哈尔滨纪念塔

李德生将军在东宁题写的“第二次世界大战最后战场”纪念碑。今天的黑龙江省东宁县是远东战役第一枪的打响地，但由于日本关东军在东宁地区依托地下工事负隅顽抗，一直到8月30日才全部被缴械，东宁由此也成为第二次世界大战的最后战场。

黑龙江省虎林市虎头镇的“第二次世界大战终结地纪念碑”，位于当年的猛虎山主阵地上。1945年8月日本天皇发布诏书宣布无条件投降后，驻黑龙江省虎头要塞的日军仍在殊死抵抗。直到8月26日，苏军才攻克虎头要塞。

东宁苏联红军烈士纪念碑

苏军在东宁县三岔口修筑的纪念碑

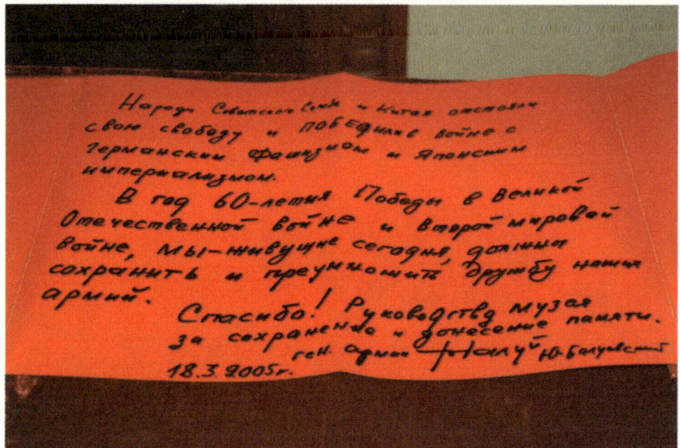
Народы Советского Союза и Китая отстояли свою свободу и победили в войне с Германским фашизмом и Японским империализмом.

В год 60-летия Победы в Великой Отечественной войне и Второй мировой войне, мы-живущие сегодня, должны сохранить и преумножить дружбу наших армий.

Спасибо! Руководства музея за сохранение и донесение памяти.

ген. армии Ю. Балуевский

18.3.2005г.

2005年3月18日，俄罗斯国防部第一副部长、俄武装力量总参谋长巴卢耶夫斯基大将参观北京卢沟桥畔的抗日战争纪念馆，以俄军名义敬献了花圈，并在“留言簿”上写道：“苏中两国人民捍卫了自己的自由，打败了德国、日本法西斯及其军队。在迎接伟大卫国战争和第二次世界大战胜利60周年的一年，我们这些活着的人们，应该捍卫和发展我们两军间的友谊。”（俄新社提供）

七

协助苏联红军作战的东北抗联教导旅（88旅）

1939年以后，由于敌我力量对比的极端悬殊和日伪军反复的军事“讨伐”、强行实施“集团部落”政策，东北抗日游击战争进入极其困难的时期，部队大量减员，给养、物资的筹集极端困难。东北抗联各军为了在如此困难的环境中求得生存和发展，决定改变游击运动的战略布局和活动方式。而要完成这一转变，首要的是恢复与中共中央的联系和实现东北党组织的统一领导。

1939年9月，中共北满省委常委冯仲云过界到达苏联哈巴罗夫斯克（伯力），与苏联远东有关部门进行磋商。冯仲云要求苏方协助召集北满、吉东党的扩大会议，以便决定吉东、北满党的统一合并，进而实现东北抗日联军各路军的合并和统一。苏方接受了冯仲云的建议，表示将指定专人负责，在政治、组织、军事上给抗联部队以最大的帮助，并决定派人送信给吉东省委书记周保中，请他前来伯力参加会议。这时，抗联将领赵尚志也致电苏方，要求过界赴苏，苏方回电同意。1939年11月和12月，周保中、赵尚志先后到达伯力。

冯仲云

1940年1月24日，吉东、北满省委代表联席会议（第一次伯力会议）在伯力召开。3月19日，会议进入第二阶段，主要解决苏联远东党和军队建立临时指导关系的问题。中方由周保中、冯仲云、赵尚志参加。

苏方参加会议的有联共远东边疆委员会书记伊万诺夫、远东军代理总司令那尔马西、远东军内务部长王新林以及哈巴罗夫斯克、乌苏里斯克（双城子）驻军负责人等。经协商，双方确定在不干涉中国党内部事务的原则之下，建立苏联边疆党组织与远东红军对抗联临时的工作指导与援助关系，苏方指定王新林作为苏联边疆党和远东军的代表，直接同东北党组织和抗联建立固定联系。

赵尚志（1908—1942），辽宁朝阳人，中国共产党党员，抗日将领、东北抗日联军创建人和领导人之一。

1941年冬，抗联三个路军的主力部队陆续撤入苏联境内进行野营整训。由于“伯力会议”之后抗联与苏联远东党和军队达成了相互支援、互相合作的协议，因此苏方对转移到苏境的抗联部队提供了多方面的便利条件。越境部

抗联指战员在野营演出的《还我河山》剧照

队在双城子和伯力附近建立了南、北两个野营（当时亦称为“东北抗日联军临时驻屯所”或“训练处”）。

北营地（A营地）位于伯力城东北75公里处。集中在北营地的，主要是抗联第二和第三路军部队的人员，约三四百人。南营地（B营地）位于符拉迪沃斯托克(海参崴)和双城子之间的一个小火车站附近。集中在南营地的，主要是抗联第一路军部队的人员，另有第二路军一部，共约300人左右。

随着世界反法西斯战争的发展，抗联部队的领导人认为非常需要把目前“仅存”而又分散在南北两个营地的，以及在苏联集体农庄劳动或做侦察工作的抗联人员全部集中起来，组成“一个学校机构或者是教导团的机构”进行统一管理，并就此与苏联红军方面协商。1942年7月16日，王新林通知周保中、李兆麟（张寿篯），苏方同意把东北抗日联军南北营地及在东北活动的抗联人员统一编为一个旅。关于这个旅的建立，王新林提出：第一，编队的目的是要培养东北抗日救国游击运动的军事政治干部；第二，旅的任务是在东北转入直接的战争环境时，发展积极有力的游击运动；第三，中共党组织的关系和中共政治路线不变更。今后的工作、活动，苏方不但不限制其独立活动性，而且旅的部队还要加强自己的独立活动性；第四，旅长及其以下主

1943 年 7 月，第 88 国际旅部分官兵合影。

1945 年 10 月，88 旅连以上干部于北野营合影，前排右起二至五依次为金日成、周保中、王一知、李兆麟。

1945年，在88旅工作的苏联远东第二方面军参谋部军官小组。左四为T.西林斯基，左五为B.伊万诺夫，右一为B.沙马尔钦科。

要军事政治干部由现有的东北抗日联军游击队干部充任。7月22日，苏联远东方面军司令阿帕纳先科大将接见了周保中、李兆麟，并以司令部名义委任周保中为教导旅旅长，李兆麟为政治委员（后改为政治副旅长）。金日成、王效明、许亨植（李熙山）、柴世荣分任各教导营营长，安吉、金策、季青任各教导营政治委员（后改为政治副营长）。阿帕纳先科还就教导营的建设提出如下建议：（一）中国旅（东北抗日联军教导旅）之成立，在于培养东北各省的民族革命战争中的军事干部，"一旦满洲……处于新（的战争）环境时，中国特别旅应起重大作用，成为远东红军与中国军之连锁"，使东北人民从日寇压迫下解放出来。因此，教导旅必须加速训练，做好战争准备。（二）对于教导旅培养的政治军事干部，不但要他们领会战略战术和游击运动的原则、原理与经验，同时必须精通各种现代兵器技术和技能。（三）特别注意构成战斗的神经系统的通信联络，培养众多的无线电通信技术干部。

1942年8月1日，东北抗日联军教导旅正式宣告成立，教导旅旅长周保中，政治副旅长李兆麟，副旅长石林斯基，参谋长杨林（沙马尔钦科），副参谋长崔石泉（崔庸健）。旅以下编四个教导营、两个直属教导连（无线电连、

东北抗联教导旅（88旅）旅长周保中

东北抗联教导旅（88旅）政治委员（政治副旅长）李兆麟

迫击炮连，1944年又增设自动枪教导连）。每营两个连，每连三个排。第一教导营以第一路军人员为基干组成，营长金日成，政治副营长安吉，副营长马耶切夫；第二教导营以抗联第二路军第二支队为基干组成，营长王效明，政治副营长姜信太，副营长喀沙特肯；第三营以抗联第三路军人员为基干组成，营长许亨植（许亨植牺牲后由王明贵继任），政治副营长金策，副营长李季南（沙包什尼克）；第四营以抗联第二路军第五支队以及第一路军一部为基干组成，营长柴世荣（后为姜信太），政治副营长季青，副营长日列诺夫。全旅共有官兵1000余人，其中，苏籍官兵300余人，中国人600余人，朝鲜人100多人。

教导旅按苏军步兵装备，服装等均按苏军陆军官兵供应标准供应。抗联人员正排以上干部授予军官衔，薪金待遇与苏籍同级军官相同。

抗联教导旅在名义上暂由苏联远东红军总部代管，接受了“苏联远东红旗军独立第88步兵旅”的正式番号，对外番号是“8461步兵特别旅”。又因其由中、朝、苏三国人员组成，故又称“国际旅”，但在内部仍然保持抗联的独立性，保持抗联单独的组织系统，执行抗联独立的政治军事任务，派遣小部队返回中国东北进行抗日游击活动和侦察活动等。同时，教导旅又是一所

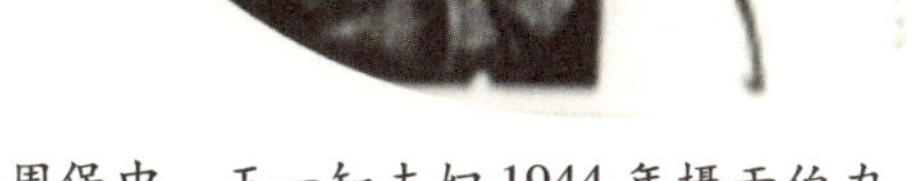

周保中、王一知夫妇1944年摄于伯力。

1943年11月，李兆麟与夫人金伯文和儿子摄于伯力。

培养军事政治干部的学校，为将来抗联队伍的扩大准备骨干力量。东北抗联教导旅在完成上述使命的过程中，得到了苏联远东方面军的指导和帮助。

1942年9月13日，教导旅召开全体党员大会，正式取消中共满洲省委撤销后的东北党组织三个省委的建制，统一建立了“独立步兵旅中共东北党组织特别支部局”（亦称中共东北党委会），书记崔石泉，副书记金日成、金京石。东北党委会下属包括在野营和派遣到东北进行小部队游击活动及执行其他任务的中共基层组织。东北党委会执行中共中央的政治路线，它同教导旅内的联共组织既保持工作上的互相联系，又在政治上、组织上保持各自的独立性。

抗联指战员长年在东北战场上与日伪军苦斗，难得有学习和训练的时间，因此，他们都十分珍惜在野营和教导旅的整训。

政治学习的主要内容有：联共（布）党史、社会发展史及斯大林的讲话、报告、文章。为了提高政治、思想水平，他们还着重学习中国共产党的路线、方针、政策。指战员们千方百计，通过各种办法和渠道搜集中共中央有关文件和中央领导人的讲话和文章。通过对这些文件和著作的学习，教导旅指战员不仅了解了整个抗日战争的形势，增强了抗战胜利的信心，而且也提高了思想理论水平，改进了作风，增强了团结。

为了肩负起未来的光荣使命，教导旅对于军事训练十分重视。教导旅的军事课程由苏军军官担任教官。教导旅要求官兵刻苦训练，练就高超的射击技术，达到百发百中；还练习跳伞技术等。此外，教导旅对于侦察勤务、步

抗联教导旅小部队使用的电台

哨勤务、传达勤务，游击队的战略和战术问题以及与正规军作战的关系问题，军队的一般管理等方面的学习和训练，都提出了严格的要求；还抽调了20余人组成无线电报报务训练班，专门学习无线电收发报技术，培养了一批水平比较高的收发报人员。

抗联部队除整训外，还开荒种地、建造营房、采石铺路，并制造桌凳等各种用具。在不到半年的时间里，他们就开荒百余亩，建起了三座营房以及其他设施，基本满足了官兵们学习、生活、训练等的需要。

为了适应迅速发展的世界反法西斯战争形势，东北党委会和教导旅积极准备参加全国抗战总反攻的伟大战斗。

1945年7月末，中共东北委员会召开会议，根据新的形势和任务，决定对东北党委会进行改组：将东北党委会原有人员分为两部分，一部分准备随同苏联红军反攻中国东北，另一部分则准备返回朝鲜作战。反攻东北的部分组成新的东北党委会（辽吉黑临时党委会），由旅长周保中兼任书记，委员有冯仲云、李兆麟、卢东生、姜信太、金光侠、王效明、彭施鲁、王明贵、王一知、刘雁来、王钧等13人。

根据雅尔塔协定，苏联政府于1945年8月8日对日宣战。8月9日凌晨，苏联向侵略中国的日本关东军发起了全线进攻。

正式出兵前，经与苏联远东方面军协商，双方根据日本帝国主义投降后可能出现的情况，共同商定抗联部队的任务如下：随同苏军反攻东北后，迅速抢占战略要点，接收东北；抗联干部在各战略要点的负责人分别担任该地苏联红军卫戍司令部副司令，协助苏军占领和管理新解放的城市，肃清敌伪残余分子和其他反革命分子，维持革命秩序；利用既是抗联人员，又是苏军人员这一有利地位，建立该地党组织，发动群众，建立人民武装。

8月10日，抗联教导旅在驻地召开了反攻东北、配合苏军消灭日本关东军动员大会。周保中在会上作了动员报告，号召全体指战员为消灭日本侵略者、争取中国人民抗日战争的最后胜利而英勇战斗。

周保中荣获的斯大林勋章、苏联红旗勋章和解放东北纪念章

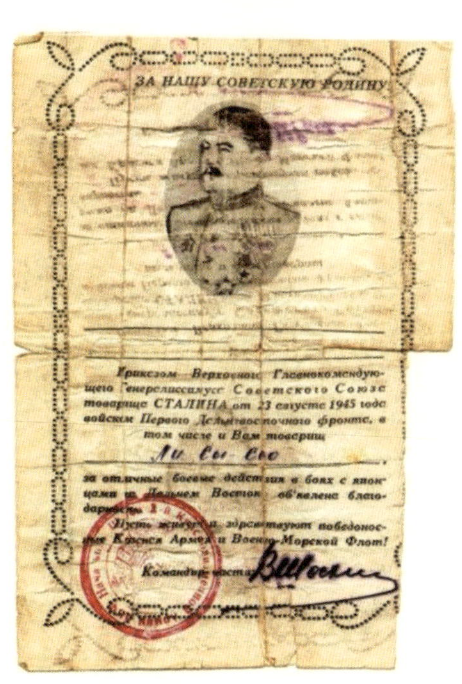

ЗА НАШУ СОВЕТСКУЮ РОДИНУ

Приказом Верховного Главнокомандующего Генералиссимуса Советского Союза товарища СТАЛИНА от 23 августа 1945 года войскам Первого Дальневосточного фронта, в том числе и Вам товарищ

за отличные боевые действия в боях с японцами на Дальнем Востоке объявлена благодарность.

Пусть живут и здравствуют победоносные Красная Армия и Военно-Морской Флот!

Командующий

荣获斯大林颁令嘉奖的东北抗联教导旅（88旅）上士李思孝（又名江子华）

嘉奖令译文：

苏联最高统帅斯大林元帅于1945年8月23日向远东第一方面军前线部队，其中包括您——李思孝同志发布最高统帅命令，对您在远东同日本人的战斗中发挥出色的作用，作出杰出的贡献表示感谢，并通令嘉奖。

伟大的战无不胜的红军和红海军舰队万岁！

司令部首长B.希金　远东第一方面军司令部（印章）

在苏联红军势如破竹的强大攻势下，日本关东军迅速土崩瓦解。为配合苏联红军对日作战，抗联教导旅随同苏军重返东北。他们担负先遣支队、向导和翻译等工作，配合苏军迅速歼灭了日本关东军，功不可没。

为了迅速及时地接收东北，抗联教导旅部队分四批先后到达东北各地。第一批：李兆麟、王效明、姜信太等共170余人，分赴哈尔滨、吉林、延边等地；第二批：由彭施鲁带队，飞赴佳木斯地区；第三批：由周保中、冯仲云率领，分赴长春、沈阳各点；第四批是王明贵、王钧、陈雷、范德林、董崇彬各组，分赴齐齐哈尔、绥化、大连等地。四批人员迅速分头抵达58个战略要点。

原驻齐齐哈尔苏军卫戍司令部副司令兼军事管制委员会副主任王明贵上尉，1955年被授予少将军衔。

到达各点的抗联部队迅速投入了从日伪手中接收东北的紧张工作。他们首先接收了军政、宣传、警务、通讯等要害部门，协助苏军在这些地区建立起警备（卫戍）司令部，随后便开始进行建党、建军、建政工作，为建立东北根据地作准备。在建党方面，先后建立了中共松江地委以及哈尔滨市委，珠河等县委，沈阳地委、齐齐哈尔市委、黑龙江地委，以及佳木斯地委、牡丹江地委、吉林地委、延吉地委等地方党委。同时，他们还积极寻找、联络原抗联和党的地下组织隐蔽下来的同志以及从关内派遣来的中共地下党员，与他们结合在一起，形成各个战略点的核心力量。在军队建设上，他们以抗联部队为基础大力发展人民武装，取得了很大成绩。鉴于日本帝国主义已经投降，人民军队的任务已不再是抗日，而是保卫抗日战争的胜利果实，决定将东北抗联更名为“东北人民自卫军”，中共中央东北局任命周保中为东北人民自卫军总司令。自卫军在各大战略要点建立了各地区的“人民自卫军司令部”。到1945年10月，东北人民自卫军发展到4万余人。在建立政权方面，由于受当时苏联政府与国民党政府签订的《中苏友好同盟条约》的限制，中共不便公开建立人民政权，于是便把各种群众组织统一改为“东北民主大同盟”，其主要成员是返回东北的抗联干部、失散的抗联战士和地下党员以及关内党组织派来的地下工作人员。民主大同盟的主要活动是发展人民武装，处理民事纠纷，与伪地方维持会进行斗争。民主大同盟为以后建立人民政权打下了一定的基础。

东北抗联教导旅一方面积极开展工作，一方面设法与中共中央接关系，恢复联络。1945 年 9 月 8 日，周保中率队到达长春。9 月 18 日，以彭真为首的中共中央东北局在沈阳开始办公。10 月，周保中和崔石泉向中共中央东北局移交了中共东北党委员会的全部组织关系、党费、档案，详细汇报了东北党组织和抗日联军 14 年来的斗争和工作。10 月 31 日，中共中央、中央军委决定将所有进入东北的人民军队及原东北抗日联军统一编为东北人民自治军。至此，东北抗日联军完成了自己的全部历史使命，在中共中央和中央军委的领导下，踏上了新的征程。他们与八路军、新四军一起，投入中国人民伟大的解放战争，并最终迎来了新中国的诞生。

驻蛟河苏军卫戍司令部副司令黄生发（左二，化名常景春）与司令部苏联红军军官合影。

2005年，俄罗斯对日作战老兵团队访华。期间，周保中将军的女儿周伟和李兆麟将军的女儿张卓娅看望原东北抗联教导旅（苏联远东红旗军第88独立步兵旅）教官、俄中友好协会第一副会长、俄罗斯老战士协会副主席B.伊万诺夫将军。

2005年6月，俄罗斯驻沈阳总领事馆副总领事戈里亚切夫代表俄联邦政府为88旅老战士颁发苏联卫国战争胜利60周年纪念奖章。

2010年7月7日，东北抗日联军领导人之一冯仲云之女冯亿罗出席在中国人民抗日战争纪念馆举办的“回顾胜利——俄罗斯专题展”开幕仪式，并在大型历史油画前驻足留影。该展是由中国人民抗日战争纪念馆与俄罗斯卫国战争纪念馆共同举办的。展览展出了由俄罗斯卫国战争纪念馆提供的反映苏联从1941年到1945年开展伟大卫国战争的历史和苏联出兵中国东北击溃日本关东军的历史图片和大量文物。

2010年7月7日，88旅侦察队老战士王立平（右）出席在中国人民抗日战争纪念馆举办的“回顾胜利——俄罗斯专题展”开幕式，并接受俄罗斯驻华大使馆武官弗拉基米尔·伊万诺夫维奇·扎巴罗夫斯基（左）赠送的礼品。王立平1932年生于山东省胶县，1944年参加东北抗日联军教导旅（苏军88旅），接受苏军报务培训。1945年8月8日，他和哥哥王立臣及另外三名队员一起秘密空降牡丹江，协助苏军作战。

2015年4月15日，北京，俄罗斯驻华大使馆举行向32位中国老兵授予“1941—1945年伟大卫国战争胜利70周年”纪念奖章仪式。

鸣谢：

中国人民抗日战争纪念馆

中国人民解放军军事科学院

俄罗斯联邦驻华大使馆

中俄友好协会

北京航空联谊会

北京东北抗日联军后代联谊会

黑龙江省东宁要塞博物馆

图书在版编目（CIP）数据

友谊：中苏联合抗战纪实 / 彭训厚主编. – 北京：五洲传播出版社，2015.8
ISBN 978-7-5085-3232-5

I. ①友… II. ①彭… III. ①抗日战争 – 史料 – 中国 ②反法西斯战争 – 史料 – 苏联 IV. ①K265.06 ②K512.540.6

中国版本图书馆CIP数据核字（2015）第196121号

“历史不容忘记——纪念世界反法西斯战争胜利 70 周年”系列

监　　制／国务院新闻办公室
出 版 人／荆孝敏
统　　筹／付　平

友谊：中苏联合抗战纪实

主　　编／彭训厚
责任编辑／高　磊
图片提供／彭训厚　中新社　俄新社　FOTOE
装帧设计／北京原色印象文化艺术中心
出版发行／五洲传播出版社（北京市海淀区北三环中路 31 号生产力大楼 B 座 7 层 邮编：100088）
电　　话／8610 – 82001477（发行部）
网　　址／www.cicc.org.cn
承 印 者／北京华联印刷有限公司
版　　次／2015 年 8 月第 1 版第 1 次印刷
开　　本／889 × 1194 毫米　1/16
印　　张／10.5
字　　数／200 千
定　　价／138.00 元